COMMENT ANALYSER LES GENS

Apprenez des Techniques de Psychologie Comportementale pour Déchiffrer la Communication non Verbale et le Langage Corporel et Découvrir les Véritables Intentions des Autres

Alexandre David

Table des Matières

INTRODUCTION

Dans ce livre, nous allons explorer un sujet essentiel qui suscite l'intérêt de nombreuses personnes pour la psychologie. Le sujet est l'exploitation, une chose que nous vivons tout le temps dans la vie. Les cas où les gens essaient de s'exploiter mutuellement sont innombrables, d'où l'importance de connaître et de comprendre ce sujet.

La manipulation est un outil psychologique secret avec lequel vous pouvez forcer n'importe quelle personne à faire ce que les autres veulent contre leur volonté et leurs intérêts. Il s'agit du concept standard de coercition, mais essayons de proposer une description plus large et plus réaliste de cette compétence. La manipulation est une arme psychologique qui, comme d'autres types d'armes, donne à un individu un avantage sur les autres. C'est une arme qui peut être utilisée pour "piéger dans sa propre toile", mais aussi à des fins défensives.

Pour un bon manipulateur, il n'y a donc pas de limites à l'abus. Aucune exception : vous pouvez contrôler n'importe qui, de la personne la plus ordinaire à la plus puissante et la plus forte. La seule limite est la capacité. Plus vous êtes doué pour la persuasion, plus vous pouvez exploiter les gens.

Pour la plupart des gens, il est impossible d'accepter le fait qu'ils ont été manipulés. Ils nieront très probablement et continueront à faire ce qu'ils faisaient, pour se prouver à eux-mêmes et aux autres que c'était leur propre décision et non celle de quelqu'un d'autre. Parfois, notre ego ne veut pas admettre que les gens nous exploitent, même si nous savons pertinemment qu'ils le font. Nos sentiments, nos opinions, nos actions —ne peuvent pas être totalement exempts de l'influence des autres.

Tous ceux qui nient qu'ils sont manipulés se privent de la capacité de se protéger. C'est là le pouvoir de la tromperie : elle influence les gens en secret et fait que les victimes ne veulent pas s'exposer et continuent à se soumettre docilement.

CHAPITRE 1
Comprendre le Langage Corporel

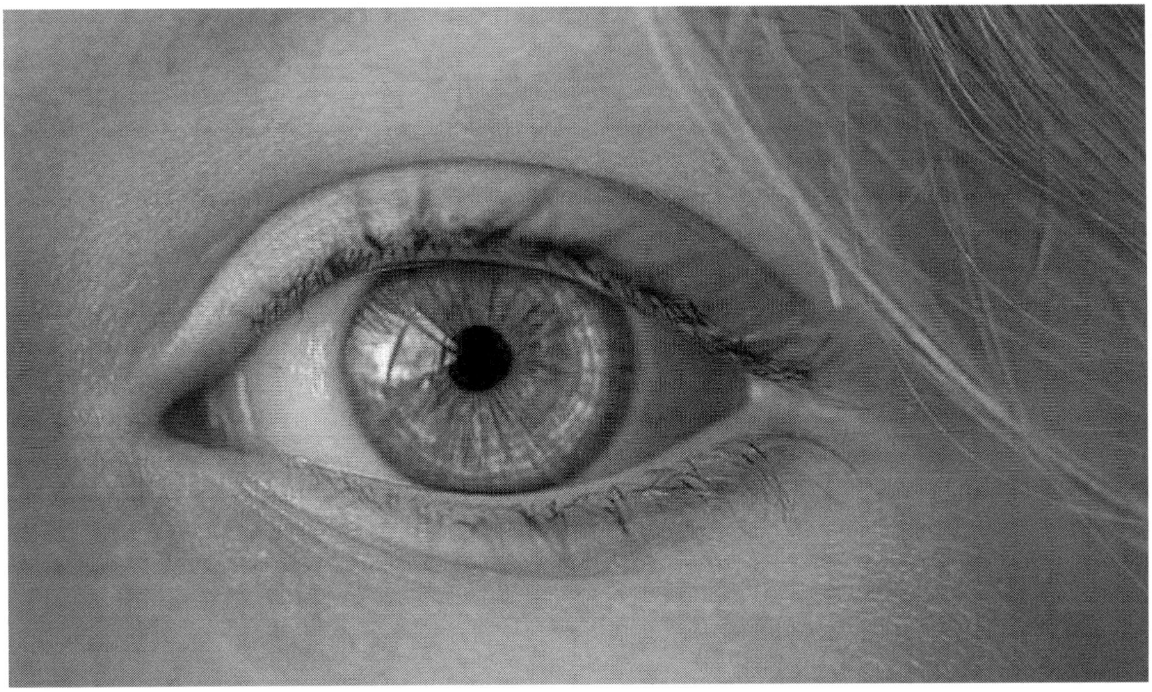

Le langage corporel influence considérablement les relations interpersonnelles car les mouvements du corps sont un indicateur d'actions involontaires qui peuvent transmettre certains messages aux autres. On peut le décrire comme le miroir de l'âme, car votre attitude et vos mouvements représentent ce que vous ressentez. Il est donc nécessaire de faire attention à votre façon de bouger, car votre langage corporel contribuera à vous définir.

Ce qui est fascinant dans la communication non verbale, c'est qu'elle est le résultat de la physiologie, de l'environnement et de la culture dans lesquels on se trouve immergé. Par conséquent, en fonction de vos relations et des contextes, vous utiliserez différents types de communication non verbale. Par exemple, vous pouvez vous présenter différemment à vos collègues de travail et aux membres de votre famille. Vous pouvez être plus ou moins vigilant dans différentes circonstances, et vous pouvez réagir différemment parce que votre zone de confort change.

Malheureusement, le langage implicite de votre corps vous amène souvent à montrer des informations sur vous-même que vous n'auriez peut-être pas voulu que les autres sachent. Certains indicateurs physiques peuvent être des indices de votre état émotionnel ou de ce que vous pouvez ressentir.

Observer et traiter le langage corporel des autres. En particulier, lorsque vous parlez, les expressions du visage et les mouvements des mains qui accompagnent la discussion.

Une façon de percevoir plus efficacement les signaux des autres est de devenir plus conscient de soi. Soyez attentif aux mouvements et aux expressions. Pour transmettre un sentiment, essayez de travailler le lien entre votre communication non verbale et vos mots. Vous commencerez à mieux comprendre vos interactions avec les autres en apprenant à lire le langage corporel.

Les enfants sont un excellent exemple de notre langage corporel, qui est inconscient. Parfois, les jeunes enfants expriment leurs sentiments de manière non verbale, même après avoir appris à parler, par exemple lorsqu'ils sont frustrés ou tristes. Les tout-petits et les enfants d'âge préscolaire ont tendance à ne pas pouvoir s'exprimer verbalement mais comprennent très bien le langage corporel.

Il est intéressant de noter que les mouvements que les enfants utilisent pour exprimer leurs besoins contribueront à terme au développement de leur cerveau et à une communication verbale ultérieure. Dès leur plus jeune âge, les enfants sont très attentifs au visage de l'adulte qui leur parle. Peut-être est-ce précisément parce que les yeux sont la porte de l'âme!

Parfois, un signe est utilisé à la place d'un mot ou d'une phrase, ou quelque chose est dessiné avec les mains pour compléter ce qui est dit verbalement. Par exemple, pour indiquer un retard, on tape sur l'horloge. Cela appartient à la catégorie du paralangage, qui comprend toutes les formes de communication humaine non verbale, y compris les mouvements subtils et inconscients tels que les clins d'œil et les légers mouvements de sourcils. Le langage corporel peut également consister en l'utilisation d'expressions faciales et de certaines postures.

Les paralangages ont été largement étudiés en psychologie sociale. Cependant, la différence entre ce qui est considéré comme un langage corporel volontaire et involontaire est encore controversée. Par exemple, un sourire peut être déclenché de manière consciente ou inconsciente.

Posture du Corps

La posture du corps est soit la position du corps ou de ses parties dans un système de référence, soit l'orientation d'un élément du corps par rapport à un autre aspect ou au corps dans son ensemble, soit sa relation avec une autre personne.

Dans le langage corporel, on parle de postures ouvertes ou fermées. Les premières sont les postures dans lesquelles il n'y a pas de barrières telles que des bras ou des jambes entre un interlocuteur et les sujets qui l'entourent. En revanche, les postures fermées utilisent, par exemple, les bras croisés pour isoler ou protéger le corps (inconsciemment dans de nombreux cas).

Il existe des positions idéales pour parler, en fonction du moment et du contexte. Par exemple :

- En situation de concurrence : face à face
- Aider ou coopérer : à côté de l'autre
- Pour discuter : à angle droit

Posture de la Tête

- Mouvements d'un côté à l'autre : négation
- Mouvements de haut en bas : assentiment
- Placée vers le haut : neutre ou évaluation
- Incliné sur le côté : intérêt
- Incliné vers le bas : désapprobation, attitude négative.

Position des Bras

- Croisement standard : posture défensive, peut également signifier l'insécurité
- Croiser les bras avec les poings serrés : signe de défense et d'hostilité
- Croiser fortement les bras : signe de fermeture

Position des Jambes

- Croisement standard : attitude défensive
- Traversée en 4 ("style indien") : compétition, discussion
- Traversée des pieds : inconfort, tension
- Croisement des chevilles : utilisé pour cacher une attitude négative.

Considérations Importantes

- Si vous vous penchez trop vers l'autre personne, vous envahirez son espace personnel, et cela doit être évité lorsque la confiance n'est pas encore très grande : le risque, sinon, sera de paraître trop agressif.
- Garder les bras croisés est un signe de fermeture, car cela signifie que la personne ne veut pas construire une relation intime, qu'elle ne se sent pas en sécurité ou complètement à l'aise.
- Une posture recueillie est un signe d'ennui.

- Maintenir une posture détendue avec les bras et les jambes légèrement ouverts montre la confiance en soi et la sécurité.
- Le fait de se rapprocher plus que de raison ou d'être raide avec son corps peut être un signe d'agressivité.
- Se tenir debout est le meilleur choix lorsque vous voulez montrer de la confiance, du courage et attacher de l'importance à ce que vous faites.
- Mains sur la taille : défi, agression.
- Pouces sur la taille ou les poches : virilité.
- Doigt pointé : défi.

Les Gestes

Un geste est une forme de communication non verbale réalisée avec une partie du corps et produite par le mouvement des articulations et des muscles des bras, des mains et de la tête.

Le langage gestuel nous permet d'exprimer une variété de sentiments et de pensées, du mépris et de l'hostilité à l'approbation et à l'affection. Pratiquement toutes les personnes utilisent des gestes et le langage corporel, en plus des mots, lorsqu'elles parlent. Et puis, bien sûr, il existe des groupes ethniques et des langues de communication spécifiques qui utilisent beaucoup plus de gestes que la moyenne. Certains types de gestes peuvent ou non être considérés comme culturellement acceptables, en fonction du lieu et du contexte dans lesquels ils sont effectués.

Nous distinguons cinq catégories de gestes, proposées par Paul Ekman et Wallace Friesen :

- **Les gestes emblématiques ou emblèmes :** ce sont des signaux émis intentionnellement et dont tout le monde connaît la signification (pouce levé).
- **Gestes illustratifs :** gestes qui accompagnent la communication verbale pour clarifier ou souligner ce qui est dit, pour renforcer une parole dans une situation

difficile. Ils sont utilisés intentionnellement et sont très utiles dans les discours et lors des interventions en public.

- **Les gestes de régulation de l'interaction :** ils servent à réguler la communication et à maintenir le canal actif. Ils sont utilisés pour prendre le contrôle d'une conversation, pour commencer et terminer l'interaction, pour donner un moyen de parler... (serrer la main)
- **Gestes exprimant des états émotionnels ou des expressions d'affection :** ce type de gestes reflète l'état émotionnel de la personne et est le résultat émotionnel du moment. Il s'agit notamment des gestes qui expriment l'anxiété ou la tension, des grimaces de douleur, de triomphe, de joie, etc.
- **Les gestes adaptatifs ou d'adaptation :** ce sont des gestes qui servent à gérer les émotions que l'on ne veut pas exprimer. On distingue ici les gestes dirigés vers soi (comme se pincer), vers des objets (stylo, crayon, cigare, etc.), et vers d'autres personnes (comme protéger une autre personne). Il peut également s'agir de gestes inconscients : des exemples évidents sont le fait de se ronger un ongle ou de sucer un doigt, très courants chez les jeunes enfants.

Expression Faciale

De nombreuses humeurs et émotions sont exprimées par l'expression du visage. Il est utilisé pour réguler l'interaction et pour renforcer ou souligner le contenu du message adressé au destinataire. L'expression faciale est utilisée pour décrire l'humeur, indiquer l'attention, montrer le dégoût, la plaisanterie, le blâme, etc.

Paul Ekman a mis au point une méthode connue sous le nom de FAST (Facial Affect Scoring Technique) pour déchiffrer les expressions faciales alors qu'il travaillait avec Wallace Friesen et Silvan Tomkins. FAST classe les images en utilisant des photographies (et non des descriptions écrites) et en divisant le visage en trois zones : le front et les sourcils, les yeux et le reste du visage (nez, joues, bouche et menton).

Le Regard

Bien que faisant partie de l'expression faciale, le regard est étudié séparément en raison de son importance. Le regard remplit un certain nombre de fonctions :

- Il régit l'acte de communication
- Il s'agit d'une source d'information
- Il exprime des émotions
- Il communique la nature des relations interpersonnels.

L'étude du regard porte sur différents aspects. Parmi les plus importants, citons : la dilatation des pupilles, le contact visuel, le clignement des yeux et la façon de regarder.

- La dilatation de la pupille indique un intérêt
- Le nombre de fois que vous clignez des yeux par minute est lié au calme et à la nervosité. Cligner beaucoup des yeux est un symbole de nervosité et d'agitation.
- Le contact visuel consiste en un regard qu'une personne dirige vers une autre. Réfléchissez à la fréquence à laquelle vous regardez l'autre personne et à la fréquence à laquelle vous maintenez un contact visuel.
- Votre apparence est l'un des signaux les plus utiles pour distinguer les personnes de haut niveau, dominantes et puissantes des personnes de bas niveau.

Le Sourire

Bien que le sourire soit ou puisse être inclus dans l'expression faciale, il mérite lui aussi une discussion séparée. Il est utilisé pour exprimer le bonheur, la joie ou la sympathie ; il peut également être utilisé pour rendre des situations plus supportables. Il peut avoir un effet thérapeutique sur les personnes pessimistes ou déprimées.

- **Sourire simple :** ce type de sourire transmet un message d'insécurité, de doute, de manque de confiance. Elle est à éviter si vous voulez donner une impression de fermeté et de confiance.
- **Sourire simple de forte intensité :** ce sourire se traduit par une séparation plus prononcée des coins de la bouche, qui sont déplacés davantage vers le haut. Une petite partie des dents supérieures peut être visible. Il transmet la confiance et la chaleur.
- **Sourire supérieur :** la lèvre supérieure se rétracte de sorte que toutes les dents ou la plupart d'entre elles sont visibles. Il transmet un message de satisfaction de voir quelqu'un.
- **Sourire supérieur de haute intensité :** la bouche s'ouvre plus largement et les dents sont encore plus visibles. Elle est généralement accompagnée d'une légère fermeture des yeux. En plus de véhiculer le bonheur, il est souvent utilisé pour présenter une surprise amusante. Cependant, il peut souvent être utilisé de manière trompeuse, il faut donc être prudent avec ce type de sourire.
- **Sourire large :** les yeux sont légèrement mi-clos et les dents supérieures et inférieures sont entièrement exposées. Ce type de sourire exprime la plus grande intensité de joie, de bonheur et de plaisir.
- **Rires :** Cela va au-delà du large sourire. Elle est contagieuse et se déclenche dans un groupe de personnes.

Faites du Langage Corporel votre Super Pouvoir

Il est courant que la tension nous envahisse dans les situations de pression, comme lorsque nous devons passer des examens, parler en public, passer des entretiens d'embauche, etc. Mais saviez-vous que vous pouvez facilement manipuler la chimie de votre corps pour vous sentir plus confiant et plus fort ? Des études indiquent que vous pouvez y parvenir simplement en pratiquant des changements spécifiques dans votre posture corporelle avant d'affronter des situations stressantes.

Les experts dans le domaine de la psychologie et de la communication ont consacré d'innombrables études à la compréhension des effets du langage corporel lorsqu'on cherche à communiquer de manière persuasive ou à projeter une image positive sur les autres. Pourtant, Amy Cuddy, spécialiste en psychologie sociale à l'université de Princeton, souligne que le langage corporel n'influence pas seulement la façon dont les autres vous perçoivent, mais qu'il peut déterminer ce que vous ressentez.

Cuddy explique que, bien que le sourire soit la façon physique dont nous extériorisons un sentiment de bonheur, des études montrent que nous pouvons susciter consciemment le même sentiment de bonheur en tenant un crayon entre nos dents et en souriant pendant quelques secondes. Cela signifie que non seulement votre esprit domine votre corps, mais que vous pouvez également utiliser votre corps pour manipuler votre esprit.

Selon ces mêmes études, les personnes puissantes ont tendance à avoir des attitudes plus positives, confiantes et audacieuses que les personnes non puissantes et peu sûres d'elles, et cela se reflète dans leur langage corporel. Alors qu'une personne confiante fait preuve d'ouverture, une personne peu sûre d'elle dissimule davantage son corps dans des postures rigides et fermées. Biologiquement, nous pouvons trouver des différences similaires entre les pôles de pouvoir, où les personnes puissantes ont des niveaux élevés de testostérone (hormone de dominance) et des niveaux faibles de cortisol (hormone du stress). Les personnes peu sûres d'elles, en revanche, présentent un faible taux de testostérone et un taux élevé de cortisol.

Sur la base de cette relation entre notre chimie et notre langage corporel, Cuddy a mené plusieurs expériences pour voir si le fait de prendre différentes positions pouvait influencer notre chimie interne et, par conséquent, nous permettre de modifier consciemment ce que nous ressentons.

L'expérience consistait à adopter différents types de postures pendant deux minutes, puis à prélever des échantillons de salive, à parier et à répondre à des questions afin de déterminer le niveau de pouvoir/confiance que l'on ressent après avoir adopté les différents types de postures.

Résultats chez les personnes qui ont adopté des positions de " haut pouvoir " :

- Ils ont décidé de parier : 80%
- Taux de testostérone : augmentation de 20%
- Taux de cortisol : diminution de 25%

Résultats chez les individus qui ont adopté des positions de " faible pouvoir ” :

- Ils ont décidé de parier : 60 %.
- Taux de testostérone : baisse de 10 %.
- Taux de cortisol : augmentation de 15%

L'expérience a donné des résultats surprenants. Après seulement 2 minutes de pratique des différentes postures, la chimie interne du corps a changé dans des pourcentages significatifs, déterminant la façon dont les individus se sentent par rapport à eux-mêmes et influençant leur attitude et leur prise de décision.

Une deuxième expérience similaire, impliquant des personnes attendant un entretien d'embauche, a permis de constater les effets positifs de l'adoption de postures de "grande puissance". En effet, ceux qui avaient adopté ces postures étaient ensuite plus confiants et plus sûrs d'eux lors de leurs entretiens, ce qui a contribué dans 85 % des cas à leur sélection.

Détecter la Tromperie, agir avec Précaution

Pensez-vous être capable de détecter quand quelqu'un ment ?

Peut-être que vous l'êtes, ou peut-être que vous pensez l'être. En fait, en moyenne, vous n'êtes pas capable de détecter un mensonge que 54 % du temps. En lançant une pièce en l'air, nous aurions presque autant de chances de deviner.

Bon nombre des comportements censés accompagner un mensonge (éviter le contact visuel, nervosité, dilatation des pupilles, se gratter le nez, etc.) peuvent également apparaître chez des personnes honnêtes qui sont simplement timides ou qui traversent des situations difficiles.

Voici quelques faux mythes sur l'art du mensonge.

Le Mensonge a son Propre Langage Corporel

Bien que la croyance populaire soit que le corps envoie des signaux lorsque nous mentons, aucune étude n'a pu établir de lien entre un signal spécifique et la tromperie.

Pourquoi ? Parce que nous nous comportons tous différemment lorsque nous mentons, vous ne pouvez pas supposer que si quelqu'un ne vous regarde pas directement dans les yeux ou ne touche pas son visage, c'est qu'il vous trompe.

Pour chaque étude qui affirme que les menteurs se grattent le nez, il y en a une autre qui dit le contraire. Les personnes qui mentent ont le regard fixe 67 % du temps, mais les personnes qui disent la vérité ont également le regard fixe 58 % du temps. Il n'existe aucun geste qui permette de détecter avec précision quand quelqu'un ment.

La direction des Yeux peut Egalement Fournir des Indices

Selon la PNL (programmation neurolinguistique), lorsqu'une personne déplace ses yeux vers la droite, cela signifie qu'elle ment, alors que si elle déplace ses yeux vers la gauche, elle dit la vérité.

Si c'était vrai, il n'y aurait pas besoin d'enquêter davantage, et tous les menteurs se promèneraient avec des lunettes de soleil. Malheureusement, ce n'est pas le cas.

Une étude réalisée en 2012 a montré que la direction dans laquelle une personne regarde ne dépend pas de l'intégrité de son histoire.

Les personnes qui mentent le plus ne regardent pas de côté ou détournent le regard. Au contraire, ils vous regardent plus attentivement parce qu'ils veulent vérifier que vous croyez à leur mensonge.

Le Polygraphe n'échoue Jamais

Un autre mythe. Bien que les films et les émissions télévisées de pacotille tentent de nous vendre la fiabilité de ces appareils, l'une des études les plus rigoureuses estime leur taux d'exactitude à seulement 65 %. Le principal problème est le nombre de faux positifs : il identifie souvent les personnes qui disent la vérité comme des menteurs.

La réalité est que l'identification des mensonges est TRÈS difficile. La raison en est que la plupart d'entre nous mélangent mensonges et histoires vraies, ce qui nous permet d'ajouter des détails réels qui donnent plus de crédibilité.

En outre, chaque individu est tellement unique qu'il n'existe pas de signal de mensonge universel. Nous n'avons pas tous le même comportement lorsque nous mentons : alors que je peux éviter le contact visuel, vous pouvez peut-être le maintenir.

C'est pourquoi s'entraîner à détecter les mensonges par le langage corporel ou verbal n'est pas utile. Le taux de réussite, en effet, atteint un maximum de 60%, soit seulement 6 points de plus qu'en l'absence de toute préparation.

Comment Savoir si une Personne Ment ?

Dans ce qui suit, je vous indiquerai les outils utiles en ce sens, mais pour commencer, vous devez être au clair avec trois concepts fondamentaux :

Faites Attention aux Détails et aux Changements de Comportement

Le simple fait de prêter attention aux détails vous permettra de mieux détecter les mensonges.

Lorsqu'une personne ment, de petites différences peuvent apparaître dans son comportement ou dans l'histoire qu'elle raconte, et plusieurs études ont montré que le fait de concentrer votre attention sur les détails améliore votre capacité à détecter la tromperie.

C'est pourquoi les femmes ont tendance à être plus compétentes que les hommes : elles se concentrent davantage sur des aspects spécifiques des histoires et des changements de comportement.

Essayez de Vous Isoler de Vos Emotions

Je sais que c'est compliqué, mais si vous vous mettez en colère, si vous êtes triste ou trop heureux, vous ne verrez plus les détails qui vous aideront à repérer les mensonges.

Lorsque vous êtes très émotif, votre esprit se met en pilote automatique. Il désactivera certaines de ses fonctions rationnelles et ne sera plus capable de détecter les indices qui pourraient vous permettre de savoir que l'autre personne ment.

Les menteurs expérimentés ont pour objectif de vous mettre dans un état second, afin que vous cessiez de poser des questions et que vous commenciez à prendre de mauvaises décisions. Gardez donc la tête froide, ne vous laissez pas séduire par de grandes promesses et ne vous énervez pas si vous avez de forts soupçons qu'ils vous mentent.

En fin de Compte, Vous N'avez que Votre Instinct

La dernière étape, après avoir observé les détails aussi froidement que possible, consiste à écouter son instinct.

Faites confiance à votre intuition car, comme cela a été prouvé scientifiquement, nous sommes plus efficaces pour détecter les mensonges lorsque nous le faisons de manière inconsciente que si nous essayons de relier tous les éléments de manière rationnelle. La raison en est qu'au niveau irrationnel, nous pouvons voir des signes que l'esprit conscient néglige.

Alors, soyez attentif, laissez passer le temps et laissez votre instinct vous guider. Vous augmenterez vos chances d'y arriver.

Bien que ces trois clés soient essentielles, pour être plus certain que quelqu'un vous ment, il faut que les signes de tromperie, tels que des changements de comportement ou des contradictions dans l'histoire, soient évidents.

CHAPITRE 2
Les Secrets du Corps

L'importance Primordiale du Langage Corporel

Notre corps ne peut montrer que ce qui est en nous et nos émotions utilisent le corps comme une caisse de résonance. Par conséquent, la communication non verbale de notre corps reflète toujours notre état d'esprit, quelle que soit la situation.

Le langage corporel est soumis aux lois de la physique : l'énergie ne disparaît pas, elle se transforme. Tout comme l'électricité devient lumière, chaleur ou mouvement, notre psyché devient langage corporel.

Attention, toutefois, le même geste peut avoir des significations différentes. Par exemple, avoir les bras croisés est un geste généralement interprété comme un signal négatif. En fait, les bras croisés sont considérés comme le moyen d'exprimer un sentiment de rejet, de retrait, de scepticisme, d'aversion, etc. Cette interprétation est parfois vraie, mais pas toujours. Et un homme qui a les bras croisés en attendant le bus ? Est-il expressément mal disposé ? Si oui, envers qui ? Vers le bus ? Vers des gens comme lui à l'arrêt de bus ? Et s'il n'y a personne ? Dans cette situation, les bras croisés indiquent simplement que l'on ne peut rien faire d'autre qu'attendre.

Pour déchiffrer correctement le langage corporel, il faut d'abord considérer le contexte de l'action. De même, comme pour le langage verbal, une "expression" qui ne correspond pas à une situation aura un fort potentiel de malentendu.

Une mauvaise posture peut révéler l'insécurité, la peur, la méfiance, etc.

D'autre part, la bonne posture transmet force, puissance et confiance.

Nous devons mieux comprendre comment utiliser les signaux corporels pour communiquer l'impression souhaitée.

Langage Corporel Négatif

Souvent, au cours d'une conversation, vous pouvez utiliser un langage corporel négatif sans vous en rendre compte.

Les expressions faciales et les gestes finissent par révéler des détails différents.

Quelques postures négatives à éviter dans les réunions avec les clients :

- Les mains sur les hanches ou dans les poches ;
- Les genoux pointant vers la porte de sortie ;
- Jambes écartées ;
- Bras croisés.

Ces attitudes sont perçues, même inconsciemment, par l'autre personne et peuvent ruiner le cours d'une transaction commerciale.

Mais que faut-il encore éviter pour ne pas transmettre de mauvais messages ?

1- Main à la bouche

Les experts notent que lorsqu'une personne ne dit pas la vérité, elle se couvre généralement la bouche.

Les variations de cette dépendance posturale comprennent :

- Se frotter les lèvres ;
- Se toucher le menton ;
- Mettre des objets devant la bouche.

2- Lèvres serrées

Un autre exemple de langage corporel négatif est le serrement des lèvres, qui montre que la personne essaie d'éviter de dire ce qu'elle pense et de répondre aux questions.

3- Pas un regard fixe

Le regard transmet beaucoup de choses.

Un regard dans le vide ou un regard vers un point indéfini indique une confusion.

En effet, lorsqu'une personne détourne le regard, elle cherche une image mentale.

Par conséquent, il montre un manque de clarté dans son discours, ainsi qu'une certaine insécurité.

4- Front ridé

Dans une conversation, si l'autre personne plisse le front, ce n'est pas bon signe.

Ces lignes horizontales montrent un certain niveau de tension, de doute ou de nervosité.

5- Mouvements limités des mains et des bras

Garder les mains derrière le dos ou attachées au corps envoie un message de manque de confiance.

Un autre geste à éviter est de mettre ses pieds croisés derrière sa chaise car c'est un signe d'inconfort.

Le Langage Corporel de la Confiance en Soi

Il ne suffit pas de comprendre ce qu'il ne faut pas faire : il est également essentiel que votre langage corporel communique ce que vous avez l'intention de transmettre.

Un langage corporel puissant impressionne les clients, les collègues ou toute autre personne.

Lorsque vous faites preuve d'autorité, vos performances dans votre vie professionnelle et personnelle ont tendance à augmenter, car tout le monde aime avoir affaire à des personnes qui ont confiance en elles.

1- Être Dominant dès la Poignée de Main

Lorsque vous parlez à un partenaire commercial ou à des clients, faites attention à la façon dont vous posez.

Bien plus qu'une simple poignée de main, ce geste montre qui domine la conversation : si vous tendez la main avec la paume vers le bas, cela signifie que vous dirigerez la conversation ; si votre paume est tournée vers le haut, l'autre personne est censée prendre les devants.

L'utilisation des câlins dans le langage corporel en affaires est plus rare, mais cela peut arriver lorsqu'il y a une amitié profonde. Mais attention : dans certaines cultures, elle n'est pas acceptée.

2- Respirer profondément

Le rythme de la respiration est très révélateur.

Lorsque vous inspirez et expirez superficiellement et rapidement, vous donnez une impression de stress, de nervosité et de peur.

Si vous voulez faire preuve de confiance en vous, utilisez une technique : prenez une grande inspiration jusqu'à ce que vous sentiez votre abdomen s'élargir et vos côtes se dilater.

Une respiration lente et profonde permet de contrôler la colère et l'anxiété.

3- Viser les yeux entre les sourcils de l'autre personne

Pour de nombreuses personnes, il peut être difficile de parler et de regarder quelqu'un dans les yeux. Cependant, la façon dont vous faites face à votre interlocuteur montrera qui a le contrôle de la discussion.

Un moyen facile de montrer un regard de puissance et de confiance est d'imaginer un point entre les sourcils de la personne en face de vous et de garder vos yeux pointés là.

Parler calmement

Votre voix est essentielle pour faire passer le bon message —elle aide à transmettre un sentiment de crédibilité et d'autorité.

Pendant votre discours, articulez bien chaque mot, faites des pauses et respirez tranquillement entre les phrases.

Cela permettra à l'autre personne de comprendre ce qui est dit.

4- Rechercher une posture neutre

Les bras croisés indiquent un malaise ou que vous êtes fermé au sujet.

Cependant, les mains près du corps, reposant légèrement, sont un message de neutralité.

Un bon conseil est d'essayer de reproduire les gestes de votre interlocuteur, ce qui créera une atmosphère de sympathie et d'amitié.

Grâce à ces techniques de langage corporel, vous transmettrez la bonne image à vos interlocuteurs. Les négociations avec vos clients seront ainsi beaucoup plus faciles et vous gagnerez en respect dans votre environnement de travail.

Lire le Langage Corporel

La lecture du langage corporel peut vous aider à évaluer le sentiment qui se cache derrière les mots prononcés. Par exemple, l'adulte peut comprendre rapidement et instinctivement que lorsqu'il voit l'enfant crier et se boucher les oreilles, cela signifie qu'il a peur du tonnerre. Cependant, il existe des idées fausses sur le langage corporel qui peuvent entraîner une mauvaise communication si vous n'interprétez pas l'ensemble du langage corporel.

Une interprétation précise du langage corporel peut donner un aperçu des pensées, des sentiments et des émotions d'une autre personne. Cependant, pour l'interpréter correctement, il est essentiel de se rappeler de regarder les mouvements du corps entier, ou les mots, plutôt que de traiter une partie du corps comme étant séparée des autres.

Les clés de la Lecture du Langage Corporel

Plus de 54 % de notre communication passe par le langage corporel, 39 % par l'utilisation de la voix et seulement 7 % par les mots. Développer la capacité d'interpréter et de comprendre les gestes et les signaux du langage corporel pourrait donc être d'une grande utilité car cela nous aidera à mieux comprendre et à interagir avec d'autres êtres humains.

Le langage corporel comprend les expressions corporelles, les gestes, le contact visuel, la tension musculaire, le rythme de la respiration, etc. Bien sûr, vous devez vous rappeler que le langage corporel est différent d'une personne à l'autre et selon la nationalité et la culture. Il est donc toujours bon de vérifier ce que l'on pense d'une personne en lui posant des questions et en essayant de mieux la connaître.

- **Posture**

Dans la plupart des situations, si vous adoptez une posture correcte, vous devriez être en mesure de créer la bonne impression chez les personnes en face de vous. Se pencher un peu vers une personne peut créer une image d'amabilité, et cela peut également signifier que vous vous intéressez aux autres. En même temps, la bonne posture donne un sentiment d'assurance et de confiance en soi, donnant l'impression que vous êtes une personne équilibrée.

- **Jambes**

Lorsqu'une personne est anxieuse, ses jambes sont toujours en mouvement. Il en va de même lorsque vous mentez ou que vous vous ennuyez. Il est plus sûr de garder les jambes croisées ou de donner l'impression contraire, pour paraître confiant et poli aux yeux des autres.

- **Contact visuel**

Si vous maintenez un contact visuel sain, vous montrez votre intérêt et votre respect pour les autres. Toutefois, un équilibre doit être trouvé. Lorsque vous maintenez un contact visuel trop important, l'autre personne peut se sentir gênée. De même, s'il n'y a pas assez de contact visuel, l'autre personne peut avoir l'impression que vous n'êtes pas impliqué dans ce qui est dit.

- **Bras**

Les bras croisés peuvent donner l'impression que vous êtes nerveux ou sur la défensive. En revanche, en tendant les bras, vous montrez que vous êtes à l'aise et capable d'embrasser les autres.

- **Distance**

Si vous vous tenez trop près d'une personne, vous pouvez paraître intrusif ou indiscret. En même temps, garder trop de distance peut signifier que vous ne vous intéressez pas à ce dont on parle.

Le langage corporel permet d'en apprendre beaucoup sur les autres. Voici quelques exemples de la façon dont vous pouvez découvrir les opinions et les humeurs des autres :

- **Confiance**

Une personne à l'aise se tient toujours droite, maintient le contact visuel et vous sourit. Il ou elle peut également faire des gestes de la main.

- **Défensive**

Une personne sur la défensive a tendance à utiliser des expressions faciales neutres ; elle a également tendance à ne pas fixer les yeux sur quoi que ce soit. Cette dernière attitude peut également être liée à l'anxiété ou à la confusion.

- **Dire des mensonges**

Les personnes qui mentent ne maintiennent presque jamais le contact visuel et peuvent également tenir leurs mains devant leur bouche pendant qu'elles parlent. Enfin, le rythme respiratoire augmente souvent par peur d'être pris en train de mentir.

Il est très important pour une personne de comprendre son langage corporel et le type d'impression qu'elle va donner aux autres. Cela va au-delà de la connaissance du langage corporel des autres personnes avec lesquelles vous êtes en contact. Une bonne compréhension du langage corporel aidera à établir une interaction positive avec les autres.

Conseils pour Lire le Langage Corporel

Le mouvement des yeux, les gestes, la posture et les expressions faciales sont quelques-unes des caractéristiques du langage corporel. L'expert américain en comportement humain Eric Barker explique qu'il est préférable de s'intéresser aux "comportements inconscients, qui ne sont pas facilement contrôlables et peuvent contenir un message". Cette langue peut-elle être déchiffrée ? Barker donne quelques conseils.

- **Utiliser le bon sens**

Pour l'expert, l'analyse du contexte est essentielle. Croiser les bras peut signifier adopter une posture défensive ou une intention de tromper. Toutefois, s'il fait froid ou si la personne en question est assise sur une chaise sans bras, le sens peut être différent (beaucoup plus simple et inoffensif).

- **Observer l'imitation**

Imiter un geste ou une expression verbale peut signifier que la personne est en phase avec vous. Le fait d'être d'accord avec quelqu'un ou quelque chose est difficile à simuler, c'est pourquoi Mme Barker pense que la meilleure chose à faire dans ces cas-là est de faire confiance.

- **Énergie nerveuse**

Le niveau d'activité de votre interlocuteur peut révéler son intérêt et son enthousiasme pour ce que vous dites. Une étude de l'université de Manchester, en Angleterre, indique que les femmes secouent les pieds lorsqu'elles sont intéressées par un homme ; les hommes, en revanche, ont tendance à le faire lorsqu'ils sont nerveux.

- **Cohérence**

Une personne qui prononce un discours fluide et cohérent, en insistant sur certains mots, fait preuve de maîtrise, de concentration et de détermination. Il sera donc difficile à influencer (et à séduire).

- **Ne faites pas attention aux signaux individuels**

Il n'est pas possible de savoir ce qu'une personne veut dire par son langage corporel en se concentrant sur un seul signal. Il est préférable de considérer les actions dans leur ensemble, car il faut au moins deux ou trois signaux pour comprendre ce qui se passe dans la tête de l'autre personne.

- **Créer une référence**

Un malaise et une tendance à parler beaucoup ne sont pas nécessairement de mauvais signaux. Cependant, quelque chose a pu se produire si ces personnes deviennent soudainement calmes.

- **Ne vous arrêtez pas à vos considérations précédentes**

Le jugement que vous portez sur une autre personne est inévitablement influencé par vos impressions antérieures, qu'elles soient positives ou négatives.

- **Le plus important est de prendre en compte l'ensemble du contexte**

Le plus important est de prendre en compte l'ensemble du contexte.

Eric Barker affirme que votre capacité à comprendre le langage corporel augmentera lorsque "vous comprendrez que le langage corporel fait partie d'un contexte plus large. Ensuite, vous commencerez à prêter attention aux autres facettes de l'interaction : la voix, l'apparence, les vêtements, etc.".

CHAPITRE 3
Communiquer le Langage du Corps

Quelle que soit l'orientation ou la taille d'une organisation, la communication est souvent identifiée comme un domaine à améliorer en permanence.

La question est donc la suivante : comment se peut-il qu'à une époque où le partage de l'information est plus facile que jamais, une communication efficace reste un défi pour de nombreuses entreprises ?

N'est-il pas surprenant que, bien que le partage de l'information soit plus facile aujourd'hui, les organisations n'aient pas fait de progrès pour fournir à leurs employés un cadre de communication plus utile ?

Malheureusement, ce n'est pas surprenant pour plusieurs raisons. Les préférences de communication varient d'une personne à l'autre : certaines préfèrent les informations écrites, d'autres la communication visuelle et d'autres encore la communication verbale.

L'intérêt peut également varier : ce qu'un employé veut ou doit savoir peut être très différent de ce qui importe à un autre. De même, la communication reste largement tributaire des personnes, et l'absence d'un cadre de communication pratique signifie que chaque dirigeant utilise son propre "livre de jeu" et ses propres interprétations. Par conséquent, le flux, le type et la quantité d'informations peuvent varier considérablement d'un service à l'autre et d'un endroit à l'autre.

Une Communication Efficace et Efficiente

Malgré ces différences dans les préférences et les pratiques de communication, les organisations très performantes nous ont montré la voie vers une meilleure communication organisationnelle.

Au cours des quatorze dernières années, de nombreuses études ont identifié des modèles et des méthodologies de communication efficaces.

Les principales caractéristiques d'une communication performante sont les suivantes :

- Cohérence - Une communication régulière et prévisible en toutes circonstances.
- Assurer une communication régulière et prévisible est essentiel pour instaurer la confiance au sein d'une organisation. Pour ce faire, vous devez choisir parmi plusieurs approches visant à améliorer le flux d'informations entre les organisations. Il s'agit notamment du bulletin d'information hebdomadaire, des pilules de leadership, des réunions trimestrielles et des déjeuners d'affaires.
- Quelle que soit l'option choisie, le plus important est que les dirigeants examinent soigneusement leur capacité réelle à remplir ces engagements avant de les accepter. Annoncer une nouvelle initiative qui ne se réalise pas ensuite comme prévu ou qui ne se poursuit pas pendant une période significative ne fera que briser le cadre de la confiance mutuelle et ne contribuera pas à améliorer la communication.
- Cette cohérence devrait également inclure le suivi et le compte rendu des sujets précédemment discutés pour lesquels des actions ou des développements futurs ont été prévus. De même, garantir des réponses appropriées à toutes les questions découlant de la communication organisationnelle est un aspect essentiel de la cohérence.
- Honnêteté dans la communication — Une culture de la transparence organisationnelle exige une communication honnête.

- Même si la communication a lieu régulièrement, si elle n'intercepte pas les intérêts des employés ou n'aborde pas ce qui est pertinent pour le fonctionnement quotidien de l'organisation, les employés peuvent se sentir aliénés ou même désillusionnés par rapport à la réalité de l'entreprise.
- En ce sens, une question d'actualité peut très bien avoir une image incertaine ou ne pas faire l'objet d'un débat approfondi, mais les employés apprécieront tout de même que leurs dirigeants aient reconnu la question, même si une grande partie des informations la concernant sont inconnues ou ne peuvent être communiquées.
- Une déclaration honnête sur ce qui est connu et peut être partagé par le biais d'un plan de communication fera de l'honnêteté une valeur inhérente à la communication organisationnelle.
- Une autre façon de s'assurer que les communications au sein d'une organisation sont significatives est de veiller à ce qu'elles soient opportunes, en temps voulu. Dans ce sens, nous devons comprendre l'opportunité en trois étapes :
- **Avant :** Quelles informations ou préparations doivent être fournies aux employés et aux équipes pour qu'ils soient bien préparés à innover, à répondre aux besoins du futur et à profiter des opportunités clés qu'il peut offrir ?
- **Pendant :** Ce qui se passe et qui peut provoquer des questions de la part des employés et des équipes qui demandent plus d'informations ?
- **Après :** Quelles étapes ont été franchies récemment qui peuvent être célébrées, apprises ou partagées pour se développer ?

Les organisations peuvent généralement améliorer la communication dans chacune de ces phases. Cependant, la phase "pendant" peut être particulièrement difficile lorsque quelque chose n'est pas tout à fait clair ou suscite des inquiétudes au sein des équipes.

Encore une fois, dans ces cas, il vaut mieux communiquer des informations connues en temps utile que de ne rien dire avant d'avoir toutes les réponses. Les indiscrétions sont le pire ennemi d'une communication d'entreprise performante.

Pour une communication organisationnelle performante, il est essentiel qu'une organisation partage des informations pertinentes de manière cohérente, fiable et au bon moment. Mais ce n'est pas suffisant.

La communication doit être une conversation qui relie les hiérarchies, les divisions, les fonctions, les sites, pour créer un écosystème de confiance mutuelle et d'engagement réel.

Sur la base de plusieurs expériences passées en revue, les médias sociaux d'entreprise offrent l'environnement idéal. Cependant, pour permettre cette conversation, les dirigeants jouent un rôle clé en tant que modèles, en éliminant les craintes et en favorisant les opportunités.

Lorsque cela se produit, les conversations sur les médias sociaux d'entreprise créent des liens d'apprentissage, de collaboration et d'innovation.

Comment Identifier les Signaux Subtils Envoyés par le Corps

Le Cerveau est votre Patron

Pendant que vous passez un test de mathématiques important, votre cerveau travaille dur. Mais cela ne se limite pas à la mémorisation des formules. Vos paumes de mains se mettent-elles à transpirer lorsqu'on vous remet la feuille d'examen ? C'est parce que votre cerveau travaille. Ressentez-vous un grand soulagement lorsque vous réalisez que vous connaissez la réponse à une question ? C'est aussi ton cerveau. Et oui, votre cerveau est toujours responsable de la rêverie sur la grande fête à laquelle vous allez assister vendredi prochain.

Le cerveau est l'organe le plus puissant de tout le corps : il commande à peu près toutes les autres parties en vous disant constamment ce que vous devez faire, même si vous n'en êtes pas conscient. Il contrôle non seulement ce que vous pensez et ressentez, la façon dont vous apprenez et vous vous souvenez des choses, et la façon dont vous vous déplacez, mais il régit également de nombreux aspects dont vous êtes moins conscient, comme votre rythme cardiaque, votre sommeil ou votre état d'éveil.

Le Quotidien du Cerveau et du Système Nerveux

Si vous imaginez le cerveau comme un ordinateur central qui contrôle toutes les fonctions du corps, alors le système nerveux n'est rien d'autre qu'un réseau qui envoie des impulsions bidirectionnelles entre le cerveau et les autres parties du corps. Cela se fait par l'intermédiaire de la colonne vertébrale (plus précisément de la moelle épinière qu'elle contient), qui part du cerveau et descend le long du dos et contient des filaments reliés à d'autres organes et parties du corps.

Une fois qu'un message atteint le cerveau, il indique au corps comment réagir. Par exemple, si vous touchez accidentellement un four chaud, les nerfs de votre peau peuvent envoyer un message de douleur à votre cerveau. Le cerveau répondra en envoyant un autre message pour que la main soit retirée. Heureusement, ce relais neurologique prend beaucoup moins de temps que pour lire votre description !

Comment Fonctionne le Cerveau

Le cerveau humain est extrêmement léger compte tenu de tout ce qu'il est capable de faire. Cet organe présente une multitude de plis et de rainures sur sa surface qui lui permettent de conserver tous les détails essentiels.

La moelle épinière, quant à elle, mesure environ 45 cm de long et un peu moins de 2 cm d'épaisseur, avec un long faisceau de tissus nerveux. Il s'étend du bas du cerveau jusqu'au bord de la colonne vertébrale ; tout au long de ce parcours, des nerfs spécifiques rayonnent vers le reste du corps et forment le système nerveux périphérique.

Une série d'os en forme d'anneau reliés entre eux, les vertèbres, protège la moelle épinière, tandis que les os du crâne sont placés pour protéger le cerveau.

Le cerveau se compose de trois éléments principaux : le cerveau antérieur, le cerveau moyen et le cervelet.

Le Cerveau Antérieur

Le cerveau antérieur est la partie la plus volumineuse et la plus complexe du cerveau humain. Il se compose du télencéphale - la zone comportant tous les plis et les rainures typiquement reproduits dans les illustrations du cerveau - et d'autres structures sous-jacentes.

Le télencéphale est le siège de l'intelligence, de la mémoire, de la personnalité, des émotions, du langage et des capacités. Des zones spécifiques du télencéphale sont responsables du traitement de différents types d'informations. Ils sont appelés lobes et sont au nombre de quatre : frontal, pariétal, temporal et occipital.

Le télencéphale est divisé en deux moitiés, appelées hémisphères, qui sont reliées par un faisceau de fibres nerveuses (corps calleux) qui leur permet de communiquer.

Bien que les deux moitiés puissent sembler identiques à l'œil nu, de nombreux scientifiques pensent qu'elles ont des fonctions différentes. L'hémisphère gauche est celui de la logique, de l'analyticité et de l'objectivité. Le droit est celui de l'intuition, de la créativité et de la subjectivité. Ainsi, lorsque vous résolvez un problème de mathématiques, vous utilisez l'hémisphère gauche, tandis que lorsque vous écoutez de la musique, vous utilisez l'hémisphère droit. Les scientifiques pensent que chez certaines personnes, l'un des deux hémisphères peut prédominer sur l'autre, tandis que chez d'autres, ils sont utilisés dans la même mesure.

La couche la plus externe du télencéphale s'appelle le cortex (également appelé "matière grise"). Les informations recueillies par les cinq sens atteignent le cerveau par la moelle épinière ; ces informations sont ensuite envoyées à d'autres zones du système nerveux pour y être traitées. Par exemple, lorsque vous touchez un four chaud, cette information ne sera pas seulement traitée pour retirer votre main, mais elle sera également envoyée à d'autres parties du cerveau pour nous aider à nous rappeler de ne pas recommencer.

Le thalamus, l'hypothalamus et l'hypophyse sont situés dans le cerveau antérieur. Le thalamus transmet les signaux des organes sensoriels tels que les yeux, les oreilles, le nez et les doigts et les dirige vers le cortex cérébral. L'hypothalamus contrôle automatiquement la température, la soif, l'appétit, le sommeil et d'autres processus corporels. Il régule également les hormones de croissance, le métabolisme, l'équilibre des minéraux et des fluides, la maturation sexuelle et la tension.

Le Mésencéphale

Le mésencéphale est situé sous la partie centrale du cerveau antérieur et joue le rôle de "maître de cérémonie", coordonnant tous les messages qui parviennent au cerveau et ceux qui vont à la moelle épinière.

Le Cervelet

Le cervelet est situé sous l'arrière du télencéphale. On l'appelle aussi le "petit cerveau" car il ressemble à une version réduite du cerveau. Il contrôle l'équilibre, le mouvement et la coordination.

Fonctionnement du Système Nerveux

Le fonctionnement de base du système nerveux dépend principalement d'une multitude de cellules appelées neurones. Le cerveau contient des millions de ces cellules, qui sont spécialisées pour différentes fonctions. Par exemple, les neurones sensoriels recueillent des informations provenant des yeux, des oreilles, du nez, de la langue et de la peau et les envoient au cerveau. Les motoneurones transmettent des messages du cerveau au reste du corps.

Tous les neurones échangent des informations entre eux par le biais d'un processus électrochimique complexe, établissant des connexions et influençant ainsi notre façon de penser, d'apprendre, de bouger et de nous comporter.

Intelligence, Apprentissage et Mémoire

Lorsque vous apprenez quelque chose, les messages circulent de manière répétée d'un neurone à l'autre. Ensuite, le cerveau crée des connexions neuronales (ou voies) pour faciliter et améliorer la connexion.

Le cerveau des enfants est extrêmement polyvalent. Lorsqu'une partie du cerveau d'un enfant est endommagée, il arrive souvent qu'une autre partie prenne en charge certaines des fonctions perdues. Mais avec l'âge, le cerveau a plus de mal à établir de nouvelles connexions ou réseaux neuronaux, ce qui rend plus difficile l'apprentissage de nouvelles tâches ou la modification de comportements acquis. C'est pourquoi de nombreux scientifiques estiment qu'il est important de continuer à stimuler notre cerveau en apprenant toujours de nouvelles choses et en établissant de nouvelles connexions. Cela aidera à garder l'esprit actif pour le reste de notre vie.

La mémoire est une autre fonction dynamique du cerveau. Les choses que nous faisons, apprenons et voyons sont d'abord traitées dans le cortex cérébral puis, si l'information est suffisamment importante pour mériter d'être mémorisée de façon permanente, elle est envoyée vers d'autres parties du cerveau (comme l'hippocampe et l'amygdale) pour la conserver dans la mémoire à long terme. Au fur et à mesure que ces messages voyagent dans l'esprit, des connexions sont établies et constituent le fondement de la mémoire.

Mouvement

Différentes zones du télencéphale sont responsables du mouvement des parties du corps. Le côté gauche du cerveau contrôle les mouvements du côté droit du corps, et le côté droit du cerveau contrôle les mouvements du côté gauche. Par exemple, lorsque vous tapez dans un ballon de football avec votre pied droit, c'est l'hémisphère gauche du cerveau qui est chargé d'envoyer le message qui vous permet de le faire.

Fonctions Corporelles de Base

Le système nerveux autonome fait partie du système nerveux périphérique et contrôle un grand nombre de processus corporels, tels que la respiration, la digestion et la succion (ou la transpiration). Le système nerveux autonome est composé de deux sous-systèmes : le système nerveux sympathique et le système nerveux parasympathique.

Le système nerveux est sensible et prépare l'organisme à des réactions rapides. Le système nerveux sympathique pousse le cœur à pomper plus vite lorsqu'un danger survient, afin qu'il puisse envoyer plus de sang vers les différentes parties du corps qui pourraient en avoir besoin. Il provoque également la libération d'adrénaline par les glandes surrénales situées au-dessus des reins, ce qui donne aux muscles une force supplémentaire pour une fuite rapide. Ce processus est appelé "combat ou fuite".

Le système nerveux parasympathique fait exactement le contraire : il prépare le reste du corps. Il aide également le système digestif, afin que le corps puisse assimiler efficacement les nutriments des aliments que nous mangeons.

Les Sens

Vos yeux peuvent voir votre meilleur ami s'approcher, mais si vous n'aviez pas de cerveau, vous ne le reconnaîtriez même pas. Votre pizza préférée est certainement délicieuse, mais si vous n'aviez pas d'esprit, vos papilles gustatives ne vous permettraient pas de savoir si vous mangez une pizza ou la boîte en carton dans laquelle elle se trouve. Aucun des organes des sens ne serait utile sans le traitement des informations sensorielles dans le cerveau.

- **La vue.** La vue nous en dit probablement plus sur le monde qui nous entoure que tout autre sens. La lumière qui pénètre dans nos yeux projette une image inversée sur la rétine, qui convertit la lumière en signaux nerveux et les envoie au cerveau. Le cerveau inverse alors l'image pour que nous la voyions du côté droit et nous dit ce que nous voyons.

- **Audience**. Tous les sons que nous entendons sont le résultat d'ondes sonores qui entrent dans nos oreilles et provoquent des vibrations dans les tympans. Ces vibrations sont transmises le long de la chaîne d'osselets de l'oreille moyenne et transformées en signaux nerveux. Le cortex cérébral traite finalement ces signaux et nous dit ce que nous entendons.
- **Le goût**. La langue contient des groupes de cellules sensorielles appelées papilles gustatives qui réagissent aux substances chimiques présentes dans les aliments. Les papilles gustatives réagissent aux goûts sucré, acide, salé et amer et sont chargées d'envoyer des messages aux zones du cortex cérébral responsables du traitement des saveurs.
- **Olfaction**. Les cellules olfactives de la muqueuse qui tapisse l'intérieur des narines réagissent aux substances chimiques que nous respirons et envoient des messages au cerveau par le biais de nerfs spécifiques. Selon les experts, le cerveau peut distinguer plus de 10 000 odeurs différentes. Avec une sensibilité aussi développée, il n'est pas surprenant que les chercheurs suggèrent que les odeurs sont intimement liées aux souvenirs.
- **Toucher**. La peau possède plus de 4 millions de récepteurs sensoriels — principalement sur les doigts, la langue et les lèvres — qui captent le toucher, les vibrations, la température et les détails liés à la douleur. Pour les traiter et y répondre, ils les envoient au cerveau.

Problèmes Cérébraux

Comme le cerveau contrôle à peu près tout, un problème dans le cerveau peut avoir des conséquences graves et connexes sur de nombreuses parties du corps. Les maladies héréditaires, les troubles cérébraux associés aux maladies mentales et les traumatismes crâniens peuvent affecter le fonctionnement du cerveau et perturber les activités quotidiennes des autres parties du corps.

Voici quelques-uns des problèmes qui peuvent affecter le cerveau :

Tumeurs cérébrales. Une tumeur est une croissance anormale des tissus. Une tumeur cérébrale peut se développer très lentement, provoquant peu de symptômes jusqu'à ce qu'elle atteigne une taille importante. Elle peut aussi se développer et se propager rapidement, provoquant des symptômes graves et s'aggravant rapidement.

Les tumeurs cérébrales peuvent être bénignes ou malignes. Les tumeurs bénignes sont généralement limitées à une zone spécifique et peuvent être traitées chirurgicalement si elles se trouvent à des endroits où elles peuvent être retirées sans endommager les tissus adjacents. Les tumeurs malignes sont cancéreuses et ont tendance à se développer et à se propager plus rapidement.

Infirmité motrice cérébrale. L'infirmité motrice cérébrale résulte d'un défaut de développement ou d'une lésion cérébrale violente, liée au travail ou au début de la vie. L'infirmité motrice cérébrale affecte les zones motrices du cerveau. Une personne atteinte d'infirmité motrice cérébrale peut avoir une compréhension moyenne et de graves retards mentaux ou de développement.

L'infirmité motrice cérébrale peut affecter les mouvements du corps de plusieurs façons. Dans les cas plus légers d'infirmité motrice cérébrale, la personne affectée peut ne présenter qu'une légère faiblesse des muscles du bras et de la jambe. Dans d'autres cas, le degré d'incapacité motrice peut être plus élevé - la personne peut rencontrer des difficultés à parler et à effectuer des mouvements de base comme la marche.

L'épilepsie. L'épilepsie est une maladie du système nerveux qui peut provoquer des crises. Les crises partielles n'affectent que des zones spécifiques du cerveau, et les symptômes varient en fonction de la localisation du foyer de la crise. D'autres crises, appelées crises généralisées, impliquent une plus grande partie du cerveau et sont généralement associées à des mouvements corporels incontrôlés et à une perte de conscience. Bien que dans de nombreux cas, les médecins n'en connaissent pas la cause, l'épilepsie peut être liée à une lésion cérébrale, une tumeur ou une infection. La tendance à l'épilepsie peut être héréditaire.

Maux de tête. Il existe de nombreux types de maux de tête ; les plus courants sont les suivants :

La céphalée de tension (la douleur la plus courante), causée par une tension musculaire accumulée dans la tête, le cou et les épaules.

La migraine, un mal de tête sévère et récurrent dont la cause n'est pas claire. Elle peut apparaître avec ou sans avertissement et durer plusieurs heures ou jours. La tendance à souffrir de migraine semble avoir une base héréditaire.

Méningite et encéphalite. Il s'agit d'infections du cerveau et de la moelle épinière qui sont généralement causées par des bactéries ou des virus. La méningite est une inflammation des membranes qui recouvrent le cerveau et la moelle épinière, tandis que l'encéphalite est une inflammation du tissu cérébral. Ces deux troubles peuvent causer des dommages permanents au cerveau.

La maladie mentale. Le terme "maladie mentale" englobe un large éventail de problèmes. Certaines maladies mentales sont associées à des anomalies structurelles ou chimiques du cerveau. Il existe des maladies mentales héréditaires, mais leur cause n'est souvent pas encore connue. Les lésions cérébrales et l'abus de drogues et d'alcool peuvent également déclencher certaines maladies mentales.

Les signes d'une maladie mentale chronique, comme le trouble bipolaire ou la schizophrénie, peuvent commencer à apparaître dès l'enfance. Les maladies mentales qui peuvent affecter les adolescents comprennent la dépression, les troubles alimentaires tels que la boulimie ou l'anorexie mentale, les troubles obsessionnels compulsifs et les phobies.

Traumatisme cranio-encéphalique. Les lésions cérébrales traumatiques se divisent en deux catégories : internes et externes. Les traumatismes internes peuvent affecter le crâne et les vaisseaux sanguins du cerveau. En revanche, dans le cas d'un traumatisme externe, il s'agit souvent de simples lésions du cuir chevelu. Les traumatismes internes sont généralement plus graves.

Les commotions cérébrales sont un type de lésion cérébrale interne traumatique qui entraîne une perte temporaire de la fonction cérébrale normale ; toutefois, des commotions cérébrales répétées peuvent endommager le cerveau de façon permanente. La pratique d'un sport est l'une des activités dans lesquelles les adolescents subissent le plus de commotions cérébrales. Par conséquent, lorsque vous pratiquez une activité sportive, vous devez porter l'équipement de protection approprié et l'interrompre en cas de lésion cérébrale traumatique.

CHAPITRE 4
Maîtriser les Secrets de La Communication non Verbale

Dans cette section, je vais vous expliquer comment apprendre la communication non verbale et la maîtriser parfaitement jusqu'à ce que vous obteniez ce que vous voulez des gens, en utilisant les bonnes techniques. Mais avant d'entrer dans les détails, voici une petite digression pour que vous compreniez de quoi nous parlons.

Savez-vous pourquoi la plupart des gens détestent les appels téléphoniques ? Parce qu'ils sentent inconsciemment qu'ils sont limités dans leur expression avec leurs interlocuteurs. Ils ont l'impression de ne pas pouvoir communiquer pleinement, comme dans un dialogue en face à face. Ils savent qu'il y a un manque de données, un manque d'informations, dans ce qu'ils véhiculent. Pourquoi ? C'est simple : au téléphone, tout passe par les mots. La seule communication non verbale réside dans le ton de la voix, car tout le reste (langage corporel, micro-expressions) n'existe pas au téléphone.

Pourquoi il est Essentiel d'apprendre la Communication non Verbale

Les experts ont des avis différents sur l'importance de la communication non verbale dans le contexte d'une conversation entre êtres humains. Cependant, ils s'accordent sur le fait qu'il est impossible de ne pas communiquer à travers son corps.

Cela signifie que votre langage corporel exprime toujours quelque chose, même si vous essayez de ne rien communiquer. Même la "non-communication" est une communication.

Et cela influencera votre interlocuteur, qui en vous voyant dans une posture fermée, vous enverra à son tour un message.

L'apprentissage de la communication non verbale vous ouvrira de nombreuses portes. Sans utiliser de mots, vous serez en mesure d'influencer vos interlocuteurs, de faire passer vos idées sans problème. Plus important encore, vous serez en mesure de décoder ce que les gens pensent et ressentent au-delà de leurs mots. Cela vous permettra de "comprendre" les gens, de ressentir leurs besoins et de gagner rapidement leur confiance en anticipant ce qu'ils ne peuvent exprimer avec des mots.

La communication non verbale est une seconde langue. En fait, c'est mieux que cela : c'est un langage qui ne ment pas, car 99 % des gens ne se rendent pas compte qu'ils communiquent avec leur corps. Savoir lire le langage corporel, c'est comme lire dans l'esprit des gens ; c'est une sorte de superpouvoir (dont on devient vite dépendant).

Comment Décoder la Communication non Verbale

Chaque geste, chaque posture, chaque micro-expression envoie des signaux à la personne en face de vous. Un léger haussement de sourcil, les bras croisés, un mouvement de balancier du pied, tous les gestes que vous faites sans vous en rendre compte signifient quelque chose et votre interlocuteur les traduit inconsciemment.

En outre, tous les êtres humains peuvent reconnaître les signaux significatifs de la communication non verbale. Par exemple, un large sourire dans la grande majorité des cas signifie que vous vous sentez bien, un poing serré indique la colère, et des larmes signifient la tristesse.

D'autre part, il devient plus compliqué et nécessite une formation pour pouvoir identifier les émotions les plus cachées et enfouies, comme cela peut arriver lorsque nous abordons un sujet sensible pour quelqu'un, lorsque nous offensons une personne ou, encore, lorsque nous pensons qu'elle nous ment.

Voici comment essayer d'améliorer vos compétences dans ce sens.

Affinez Votre Sens de l'observation

La première étape de l'apprentissage de la communication non verbale consiste à travailler son sens de l'observation pour détecter tout petit signal de sentiment ou d'émotion chez vos interlocuteurs. Les signaux dc la plupart des gens sont assez subtils. Il n'est souvent pas facile de connaître l'état émotionnel d'une personne qui a pris l'habitude de cacher ses émotions depuis son entrée dans l'âge adulte. Donc, vous devez chercher les petits signaux.

Lorsque vous parlez, par exemple, regardez le visage de la personne, en particulier ses sourcils, qui peuvent montrer de l'étonnement, de la joie, de la colère, etc. selon ses mouvements ou sa position), la posture générale du corps (fermé ou ouvert) et les lèvres (surtout le léger rictus sur la bouche, qui exprime aussi beaucoup de choses).

Dans le langage du poker, on parle de " tells ", qui sont de petits gestes, presque invisibles, qui décrivent l'état émotionnel du joueur et vous aident à comprendre s'il bluffe ou non. Vous devez apprendre à les repérer chez les gens, dans la vie de tous les jours, à décoder leurs émotions, leurs intentions et leurs états intérieurs. Et ce n'est pas un secret que vous devez travailler sur vos capacités d'observation. Vous verrez, c'est vraiment amusant et intéressant de pouvoir découvrir les émotions des autres.

Recouper les Différentes Informations Reçues

Gardez à l'esprit que tout signal corporel pris hors contexte ne signifie pas nécessairement quelque chose. Une personne qui se touche le nez ne ment pas nécessairement ou ne prépare pas une mauvaise blague ; elle peut simplement avoir quelque chose qui lui chatouille la narine. En revanche, si une personne a un air agité, se touche le nez, bouge sa main de manière un peu trop prononcée et a un certain ton dans la voix, alors oui, vous êtes certainement en présence d'une personne qui vous ment.

Ce que je veux que vous compreniez, c'est que vous ne devez pas tirer de conclusions hâtives. Le fait qu'une femme se touche les cheveux pour séduire l'homme en face d'elle n'est qu'un mythe ; cela ne pourrait être vrai que si le reste de son langage corporel communique de l'intérêt à son interlocuteur (posture projetée ouverte et en avant, langage corporel modelé sur ce qu'elle apprécie, etc.)

Rappelez-vous qu'il vous faut au moins deux signaux distincts pour vous faire une idée de l'état émotionnel réel de la personne en face de vous.

Faites Confiance a votre Instinct, a votre Sixième Sens

Il existe des dictionnaires de la communication non verbale, du langage corporel. Mais il existe quelque chose d'au moins aussi puissant à mon avis : votre sixième sens. Apprenez à écouter la petite voix intérieure, votre sixième sens, qui vous dit "ce type ment", ou "il ne me croit pas", "je l'ai blessé", etc. En essayant d'améliorer votre sens de l'observation, vous développerez une réelle capacité à comprendre immédiatement ce que ressent la personne en face de vous. Croyez-moi. Vous vous tromperez moins souvent en prêtant attention à votre voix intérieure qui essaie de vous donner ses bons conseils qu'en vous référant à un dictionnaire de la communication non verbale, aussi complet soit-il.

Pratiquez Autant que Vous le Pouvez

À ce stade, vous aurez une capacité exceptionnelle à décoder le langage corporel. Vous serez capable de saisir plus de détails sur les autres et d'être plus vif dans vos relations avec les autres.

Vous devez vous entraîner constamment pour vous améliorer rapidement. Observez les personnes qui vous entourent, dans les transports en commun, les cafés, etc. Ne manquez aucune information qui se trouve sous vos yeux.

Un excellent exercice que je peux vous suggérer est de mettre un film ou une série que vous aimez et de couper le volume. Observez les mouvements des acteurs, leurs expressions faciales, leurs postures, et essayez de deviner la situation et ce qui se passe. Vérifiez ensuite le résultat de l'exercice en revoyant les mêmes scènes avec le son.

Grâce à cet exercice, vous améliorerez également votre capacité à vous exprimer avec la communication non verbale, car vous aurez compris ce que votre corps transmet.

Maîtriser la Communication Non Verbale

Après avoir appris à décoder le langage non verbal des personnes qui vous entourent, il est essentiel de passer à l'étape suivante : réussir à maîtriser votre communication corporelle. En d'autres termes, être capable de faire passer les messages que vous voulez aux personnes que vous voulez. Cela ressemble presque à de la science-fiction de dire cela, mais c'est pourtant la réalité. Par exemple, les acteurs de cinéma utilisent chaque millimètre de leur corps pour vous transmettre des émotions lorsque vous les regardez de l'autre côté de l'écran. Ce n'est pas facile, mais ce n'est pas impossible de maîtriser la communication non verbale ; de plus, vous n'avez pas l'intention de gagner un Oscar de toute façon.

Voici les étapes essentielles pour maîtriser votre communication non verbale.

Prenez Conscience de Votre Langage Corporel

Vous devez vous concentrer sur votre corps, en sentant chaque parcelle de peau, de vos orteils à votre tête. Si cela vous semble ardu, je vous suggère de commencer par une pratique quotidienne de la méditation. Dix minutes par jour suffisent pour réguler efficacement la tempête d'émotions, faire le vide dans son esprit et être totalement conscient de toutes les sensations de son corps.

Comme une routine, chaque jour, observez-vous. Où est-ce que je me tiens ? Quelle expression est-ce que je fais quand cette personne me parle ? Où sont mes mains ? Comment vont mes pieds, mes bras ? Quelle est la position de mes jambes ? Sachez ce que votre corps vous communique. Par exemple, si vous êtes nerveux, vous avez tendance à tordre vos mains et à traîner les pieds. Observer et associer votre langage corporel à vos sentiments vous aide également à créer votre propre dictionnaire, ainsi qu'à identifier les composantes du langage corporel des autres et à les associer à vos propres émotions.

Plus précisément, à partir de maintenant, je vous recommande de :

- Prêtez attention à vos émotions
- Dès que vous en avez identifié un, quel qu'il soit, observez votre langage corporel et notez-le dans un carnet.
- Répétez le processus afin de créer un "dictionnaire" personnel de votre communication non verbale.

Au fil du temps, vous aurez toute une liste d'attitudes, de comportements, qui reflètent vos émotions intérieures à l'esprit. Vous saurez, par exemple, que lorsque vous êtes en colère, vous fermez la mâchoire et vos narines se dilatent légèrement.

Corrigez vos Gestes de Façon Permanente

Une fois que vous avez pris l'habitude de vous observer et d'associer votre langage corporel à vos émotions intérieures, il est temps de passer à l'étape suivante. Elle consiste à corriger ce que vous communiquez à l'inconscient des gens. Pour ce faire, vous utiliserez le dictionnaire personnalisé de votre langage corporel que vous avez constitué au fil du temps. Si, par exemple, vous voulez que quelqu'un sache que vous êtes en colère contre lui, serrez la mâchoire, ouvrez légèrement les narines, froncez les sourcils ; même sans utiliser le langage verbal, le message devrait passer. Vous pouvez également vous entraîner avec des amis pour voir si cela fonctionne.

Lors d'un entretien d'embauche, d'un rendez-vous amoureux, il vous suffit d'adopter la posture et le langage corporel que vous souhaitez pour transmettre le message que vous voulez. Par exemple, si vous voulez montrer à quelqu'un que vous avez confiance en vous, vous devrez, d'après votre dictionnaire, prendre plus de place avec vos bras, vous tenir plus droit, regarder la personne dans les yeux, etc. Et tout cela, même si vous ressentez réellement de la peur.

Il vous suffit de vous transformer en acteur lorsque cela est nécessaire pour utiliser la communication non verbale à votre avantage. Et croyez-moi, c'est un outil extrêmement puissant qui vous apportera des résultats bien au-delà de ce que vous pouvez imaginer. En maîtrisant cet art, vous pouvez :

- Attirez les gens vers vous en faisant systématiquement une bonne première impression.
- Anticipez les besoins de ceux qui vous entourent en remarquant ce qu'ils ressentent avant même qu'ils ne le disent verbalement.
- Libérez le charisme nécessaire pour que votre vie prenne la direction que vous souhaitez.
- Profitez de nombreux autres avantages que vous découvrirez en faisant ce merveilleux voyage dans le monde de la communication non verbale.

Langage Corporel : les Clés Pour Améliorer Votre Confiance et Convaincre les Autres

Notre langage corporel est comme un orchestre silencieux, qui n'est pas toujours conscient mais qui a un impact direct sur votre environnement et les personnes qui le façonnent.

La maîtriser, la connaître et en comprendre les secrets vous permettra, par exemple, d'améliorer plus facilement la première impression que vous donnez de vous-même, de vous rendre plus séduisant ou de mieux convaincre les autres.

Vous n'avez pas à apprendre les stratégies utilisées par les vendeurs ou les politiciens, mais il vous suffit d'améliorer un peu votre confiance en vous, de mieux contrôler vos conversations, vos entretiens d'embauche et même, pourquoi pas, votre façon de séduire.

1. Le langage Corporel et sa Composante Visuelle

Le cerveau transmet vos intentions, et si vous désirez quelque chose, vos yeux sont les premiers à le refléter.

Puisque nos yeux sont le premier canal et le principal outil du langage corporel, pourquoi ne pas en tirer le meilleur parti ?

- Ne jamais baisser le regard si quelqu'un s'adresse à vous
- Regardez directement dans les yeux d'une personne lorsque vous l'approchez.
- Rappelez-vous que vos émotions se reflètent dans vos yeux, essayez donc de transmettre le calme, la détermination et la confiance.

2. La Bonne Posture et L'intimité

Lorsque vous parlez à la personne en face de vous, il est essentiel de prendre soin de votre posture.

Votre dos doit être droit, vos épaules doivent être soutenues, votre cou doit être droit.

- Votre posture est le reflet de votre attitude. Pour mettre en valeur votre assurance et convaincre les autres de vos propos, vous devez trouver un équilibre dans votre façon de poser. Par exemple, vous ne devez ni adopter une posture militaire ni être trop détendu.
- L'idéal est de combiner le naturel et la confiance, c'est pourquoi il est également essentiel de faire le point sur votre espace personnel.
- Mettez-vous à une distance suffisante pour ne pas "étouffer" l'autre personne, mais en même temps il y a une certaine proximité et le dialogue est naturel et égal.

3. Mains Toujours Visibles

Si vous êtes à un entretien d'embauche, à un dîner important, ou si vous avez une conversation sérieuse avec une autre personne, ne cachez jamais vos mains. Ne les mettez pas dans votre poche ou sous la table, et ne commettez pas l'erreur de tendre les bras.

4. Le Calme peut Toujours Etre une Bonne Stratégie

Continuons avec la métaphore selon laquelle notre langage corporel est comme un orchestre, comme un groupe de musiciens jouant une partition pour émouvoir le public.

- Comme nous le savons déjà, la musique ne serait pas la même s'il n'y avait pas de silence. Ainsi, afin d'avoir un impact direct sur la personne en face de nous, nous devons utiliser cet instrument de temps en temps.
- De même, lorsque l'autre personne exprime quelque chose avec lequel vous n'êtes pas d'accord, au lieu de vous figer ou d'avoir une réaction immédiate, utilisez le silence et faites un sourire. Détendez-vous.

Parfois, le silence est l'expression de la sagesse. Faisons-en bon usage.

5. Ramasser un Objet Tout en Parlant

Pour créer un impact direct sur une personne ou même un groupe de personnes, il est toujours utile d'avoir un stylo ou même une paire de lunettes avec vous pendant que vous parlez.

La présence de ces objets ou accessoires à connotation "intellectuelle" crée un sentiment de confiance chez les auditeurs.

De plus, le fait d'avoir quelque chose dans les mains permet de soulager certaines de nos tensions.

6. D'accord Avec la Tête

Le hochement de tête est une stratégie essentielle du langage corporel. C'est une façon de se connecter avec la personne en face de vous, de confirmer ce qu'elle vous dit, un signe d'ouverture et d'intérêt.

Cela ne signifie pas nécessairement que vous êtes d'accord avec ce qu'ils disent ; il s'agit d'un rituel de respect et de confiance par lequel vous pouvez créer un climat propice à l'entente, en offrant une image positive, respectueuse et intelligente de vous.

7. Ne Faites pas Semblant. Trouvez un Endroit où Vous Vous Sentez a L'aise

Vous n'avez pas besoin d'être un acteur pour convaincre les autres de quelque chose. Ne tombez pas dans les gestes exagérés ou les discours excessifs qui ne permettent pas aux autres de s'exprimer.

L'utilisation correcte du langage corporel est l'art d'être soi-même, en contrôlant ces clés pour créer un impact, mais sans tomber dans le théâtral.

Nous devons travailler dur sur notre estime de soi, notre confiance en nous-mêmes, ainsi que sur ces tics nerveux ou ces rires nerveux que nous utilisons parfois pour cacher notre nervosité ou notre insécurité.

CHAPITRE 5

Comment Interpréter la Communication Non Verbale

Une communication non verbale efficace requiert des compétences spécifiques pour interpréter le langage corporel.

La communication non verbale est la transmission de messages ou de signaux par le biais d'un support non verbal tel que le contact visuel, les expressions faciales, les mouvements, l'attitude et la distance entre deux personnes.

Cette forme de communication est caractérisée par différents canaux, et les chercheurs affirment qu'elle peut transmettre plus de sens que la communication verbale. Comment déchiffrer ces éléments non verbaux ? Comment les utiliser pour mieux communiquer ?

Un individu juge et a une première impression de l'autre personne en un dixième de seconde. La communication non verbale est la première impression.

"Les premières impressions sont durables et peuvent consister en des expériences positives ou négatives."

Les vêtements et autres caractéristiques reconnaissables font également partie du domaine de la première impression. Les expériences négatives peuvent dépendre, par exemple, des attentes et des représentations personnelles.

Les premières impressions, bien que toujours peu fiables, représentent souvent avec précision l'autre.

Communication Non Verbale et Discours Politique

La maîtrise de la communication non verbale est essentielle à l'ère de l'image et de la viralité :

- Identifier et analyser la personne que vous avez choisie comme cible
- Contrôler et utiliser le langage corporel
- Renforcer votre image en tant que communicateur, gagner en légitimité
- Convaincre votre interlocuteur.

La communication non verbale est la plus ancienne forme d'expression connue. Le psychologue Paul Ekman a identifié sept émotions majeures qui sont considérées comme universelles car elles peuvent être exprimées par tout le monde, simplement par des expressions faciales :

- Tristesse
- La joie
- Colère
- La peur
- Dégoût
- Surprise

- Mépris

Selon lui, "le visage est le premier signe d'émotion, la voix le second".

L'événement marquant et fondateur a été le débat de l'élection présidentielle américaine entre Nixon et Kennedy en 1960 :

- Nixon a convaincu les auditeurs de la radio
- Kennedy a convaincu les téléspectateurs

L'influence de l'image et du langage corporel a été déterminante. Kennedy a gagné grâce à sa nonchalance, ses gestes et son calme, alors que Nixon n'avait pas travaillé cet aspect.

Après ce débat, les hommes politiques ont commencé à faire plus attention à leur communication non verbale.

Décoder le Langage Corporel

Pour communiquer, nous utilisons notre corps bien plus que des mots : dans nos interactions avec les autres, notre corps a aussi son propre langage.

Nos gestes, notre façon de nous asseoir, de parler et d'établir un contact visuel sont autant de moyens de communication non verbaux qui influencent les messages que nous transmettons verbalement.

Les silences, les gestes, les postures, les expressions faciales, le ton de la voix, le rythme de la parole, les vêtements... sont autant d'éléments de la communication non verbale qui complètent le message verbal.

Parfois, le langage corporel exprime nos émotions, nos sentiments et nos valeurs à notre insu.

Le langage non verbal permet la communication entre des personnes de langues différentes : le rire et l'expression de la douleur font partie des expressions non verbales universelles.

- D'autres signaux, en revanche, ne sont pas universels et doivent être interprétés en fonction du contexte socioculturel.
- Les recruteurs sont parmi ceux qui ont compris l'importance du langage non verbal et scrutent le corps, en plus de considérer les mots, lors des entretiens d'embauche.

Qu'est-ce que la Communication Non Verbale ?

Les messages verbaux sont communiqués par les mots que nous utilisons.

Ils constituent un élément important de la communication, mais la manière dont nous communiquons de manière non verbale est tout aussi importante, sinon plus.

La communication non verbale comprend :

- Le ton de la voix
- Volume de la voix
- Articulation des mots et leur vitesse
- Rythme, intonation et accentuation des mots
- Expression faciale
- Intensité du contact visuel établi
- Gestes et contact
- Langage corporel et posture

Les composantes non verbales sont très courantes dans la communication humaine et sont principalement utilisées dans des domaines tels que l'art théâtral et dramatique, les langues des signes de certaines cultures (sourds, moines), etc.

La communication non verbale comprend donc tout ce qui se rapporte au langage corporel et sert de support implicite à nos émotions : postures, styles, mouvements, expressions faciales, intonations, micro-expressions faciales, contacts physiques, déplacements, etc.

Ces éléments reflètent nos sentiments profonds, notamment lorsque nous communiquons avec les autres. Ils peuvent à leur tour utiliser ces éléments à leur avantage, pour discréditer un discours que nous avons tenu, ou se retourner contre nous.

Décodage des éléments non verbaux

Il est dans notre nature de juger facilement les autres par leur personnalité, leur apparence, leur intelligence et leurs gestes.

Plusieurs disciplines s'intéressent à la communication non verbale, notamment la biologie, les neurosciences, la sociologie et la psychologie.

La posture, le discours, le ton de la voix, le langage corporel et le regard sont des éléments anodins qui en disent pourtant long sur nos intentions réelles et nos émotions.

Lorsque ce type de communication coïncide avec la communication verbale, il peut renforcer et donner de la crédibilité à notre discours, alors qu'il peut nous discréditer s'ils ne correspondent pas.

Décryptage rapide du langage corporel ou du langage non verbal

La Voix

- C'est le premier vecteur de notre discours. Sans même voir la personne qui nous parle, nous pouvons savoir si elle est nerveuse, détendue, souriante, etc.
- Les éléments de la voix sont :

- **Timbre** : est unique à chaque personne et va d'un ton extrêmement bas à un ton très aigu.
- **Volume** : niveau sonore en fonction du contexte et de l'auditorium, une ou plusieurs personnes, discours amical ou public, etc. Un discours qui est difficile à entendre ou qui n'atteint pas l'ensemble de l'auditoire suggère que l'orateur n'est pas organisé, qu'il est nerveux ou peu sûr de lui.
- **Débit** : c'est la vitesse à laquelle nous parlons. Faites particulièrement attention à la vitesse de votre voix si vous devez parler en public. En fait, parler trop vite traduit souvent une certaine nervosité.
- **Son** : le ton de la voix qui donne vie aux mots. C'est le genre de mélodie qui nous parle. Il est important de moduler le ton de sa voix pour capter l'attention de son ou ses interlocuteurs, par exemple, ou pour animer un public endormi.

L'apparence Physique

Si nous avons l'habitude de dire que les vêtements ne font pas l'homme, ce qui est fondamentalement vrai, il n'en reste pas moins que notre apparence physique générale et nos vêtements véhiculent de nombreux messages sur notre personnalité.

Si vous êtes bien habillé, vous paraîtrez également plus détendu et inspirerez confiance aux autres. Inconsciemment, notre cerveau analyse l'apparence générale bien avant que notre interlocuteur ait prononcé un seul mot.

Beaucoup de personnes s'arrêtent à cette première expérience sans vouloir aller plus loin.

Il en va de même pour un entretien d'embauche, auquel vous vous préparez plus ou moins consciemment.

Vous êtes peut-être habitué à avoir l'air négligé mais, en raison des conventions, s'habiller souvent comme l'entreprise pour laquelle vous postulez peut être pratique et vous donner le sentiment d'appartenir au même groupe.

C'est le miroir qui induit instantanément et inconsciemment la sympathie et la positivité.

Vous devez donc respecter le code vestimentaire de la profession et l'éthique de l'industrie pour laquelle vous postulez lors d'un entretien d'embauche.

Il existe également un lien entre les couleurs et la personnalité de chacun.

Posture et Gestes

La façon dont vous bougez indique fortement comment vous vous sentez et quelles sont vos véritables intentions. La façon dont vous vous tenez face à face, côte à côte, assis, debout, etc. détermine votre relation avec la personne en face de vous.

Posture

Votre attitude générale, l'inclinaison de votre tête et votre posture face à un interlocuteur envoient des messages inconscients : l'intimidez-vous ?

Sans qu'il dise un mot, l'attitude de notre interlocuteur nous donne beaucoup à comprendre.

Les pieds au sol, les mains détendues, un regard sans repos... Ce sont tous des éléments qui véhiculent la confiance en soi, la solidité et la force.

Au contraire, si vous gardez le dos tourné vers l'avant, que vos yeux fixent le vide et que vous gesticulez constamment, vous transmettrez un fort sentiment de timidité, d'anxiété, de faible estime de soi, de nervosité, etc.

Les bras pliés ou les jambes croisées indiquent une disposition à la fermeture.

Gestes

Passer la main dans les cheveux, se frotter le nez, la bouche ou le menton est un signe de mensonge ou de peur, tout comme le fait de bouger de manière saccadée ou rapide.

Au contraire, des mouvements amples, contrôlés et lents sont des signes de confiance et de confort.

Parmi les principaux gestes, on peut citer la poignée de main plus ou moins douce, plus ou moins soutenue, l'index accusateur ou pointeur, la permission donnée par un hochement de tête, etc.

Le Regard

Ne serait-il pas le miroir de l'âme ? Au-delà de ce cliché, le regard est un média qui donne aux gens la capacité de décoder de nombreux détails.

Le contact visuel est souvent nécessaire pour répondre à une question. Son intensité, en outre, peut rendre une personne facile à approcher ou, au contraire, agacer, déstabiliser ou effrayer l'autre personne.

Le regard peut être soutenu, posé, instable, fuyant, dirigé vers le haut ou vers le bas, droit, et peut communiquer diverses informations : domination, contrainte, fuite, peur, irritation, ennui, colère, chaleur, bienveillance, etc.

Veillez à ne pas trop insister pour regarder votre ou vos interlocuteurs dans les yeux, car ils pourraient se sentir mal à l'aise.

Expressions Faciales et Micro-Expressions

Les gestes et les attitudes ont été les premiers moyens de communication de l'homme et ont représenté un véritable paralangage qui accompagnait et complétait le message verbal.

Le langage corporel s'exprime par des postures qui peuvent impliquer la tête, le cou, le bassin, les jambes et les bras.

Nous nous exprimons par des mouvements et, dans certains cas, il peut sembler que nous soyons sur la défensive et donc que nous paraissions hostiles.

- Hoche la tête d'avant en arrière en signe d'approbation.
- La main tendue en signe de paix
- Le poing levé en signe de révolte.

Sourcils relevés, mâchoire contractée, sourcils froncés, lèvres serrées. Nos muscles créent inconsciemment certaines expressions faciales qui sont rapidement identifiées.

La dilatation des pupilles, un léger clignement et une bouche entrouverte sont évidents pour l'œil attentif.

Les gestes courants à éviter sont les suivants :

- Mains sur les oreilles, les yeux ou la bouche
- Bras croisés
- Frotter les mains
- Formes de retouches : la mèche de cheveux, le pli d'un pantalon, la jupe, la poussière imaginaire, le raclage de gorge...

Nous communiquons également par des signes conventionnels :

- Le doigt pointé vers la porte signifie "sortez !"
- Le salut de la main
- Le signe de la tête pour dire "oui".
- Le battement des mains (applaudissement) pour montrer notre satisfaction à l'égard d'un événement.

Espace et Distance

Zone intime : bande hautement émotionnelle comprise entre 15 cm et 45 cm ; c'est la distance entre, par exemple, deux membres d'une même famille, dont les liens sont émotionnellement forts (contact physique, chuchotements, etc.). Une personne située en dehors de cette zone ne perçoit pas le dialogue. Elle est souvent appelée distance de secret.

Zone personnelle : On parle ici d'une zone allant de 45 cm à 1,20 m. Sur le plan émotionnel, les liens sont moins intenses. C'est la distance entre deux personnes qui se connaissent bien (amis) et qui se parlent. Les dialogues sont audibles mais relativement anodins. C'est ce qu'on appelle la distance de confiance.

Zone sociale : 1,20 à 3,50 mètres ; il s'agit de la zone de socialisation avec des interactions entre des personnes qui s'entendent régulièrement ou se fréquentent (connaissances, collègues, etc.). La conversation peut être entendue et écoutée sans effort.

Chaque individu a sa propre perception de ces domaines et il est essentiel de la respecter, faute de quoi la discussion sera compromise avant même de commencer.

Vous devrez adapter votre distance en fonction de la situation, du tempérament et de la personne avec laquelle vous êtes en contact. Ne franchissez pas le seuil d'une zone sans y être invité !

Espace

L'espace dans lequel se déroule la communication nous affecte également.

Les gestes sont effectués dans l'espace, qui est codé.

Chacun de nous marque sa distance en parlant à l'autre. Il existe quatre zones de communication :

- Zone intime (15 à 45 cm), niveau de confiance
- Zone personnelle (entre 45 et 1,20 m), relations professionnelles, voire amicales
- Zone sociale (de 1,20 à 3,50 m), marque la fonction de chaque personne
- Zone publique (> 3,50 m), devant un public.

Celui qui entre dans une zone à laquelle il n'est pas autorisé à accéder, commet une erreur, et la personne qui en est victime se sent mal à l'aise, déstabilisée et attaquée.

Nous avons tous un territoire personnel que nous protégeons des tiers.

Cet espace et les objets qu'il contient peuvent devenir une extension de notre corps (voiture, chaise, bureau, etc.).

La disposition d'une pièce, des tables influence notre communication et peut favoriser le pouvoir de persuasion d'une personne dans une certaine position.

Le Pouvoir du Langage Corporel

Écouter et comprendre votre interlocuteur au-delà de ses mots est un avantage considérable dans de nombreuses situations. Cela vous permet, entre autres, de :

- Interagir clairement et efficacement avec vos interlocuteurs, notamment lors de négociations ou d'un entretien d'embauche.
- Convaincre plus facilement en tenant la bonne position et en faisant les gestes appropriés.
- Lorsque vous négociez avec un partenaire fermé, identifiez les signes de colère, d'intérêt, etc. et corrigez votre approche.
- Identifier plus précisément la personnalité d'un candidat et les signes de nervosité ou de mensonge lors d'un entretien.
- Gérer les conflits plus efficacement et comprendre ce qui est caché.
- Détecter la résistance au changement.

Expressions Faciales et Mouvements du Corps

Ce sont les expressions faciales qui manifestent les émotions : bonheur, déception, dégoût, douleur, colère, peur.

Ces expressions peuvent renforcer le message, mais elles peuvent aussi le modifier et changer son contexte.

Une personne qui hésite n'est pas prise au sérieux, tandis qu'un regard fixe indique une intention agressive.

Les expressions faciales, comme le sourire, peuvent être intentionnelles mais sont souvent incontrôlées et involontaires (yeux écarquillés d'étonnement, froncement de sourcils de frustration, etc.) Elles constituent une part importante de notre comportement général.

Pour éviter les malentendus, il est important de suivre les expressions du visage et les mouvements du corps.

CHAPITRE 6
L'art de la Persuasion

Dans la publicité, la politique et, plus généralement, dans tous les domaines de la vie quotidienne, la persuasion est une compétence que nous devons développer.

Beaucoup de gens en parlent et la reconnaissent comme une arme et c'est probablement le cas. Mais une arme est facilement reconnaissable et utilisable par tous, alors que la persuasion ne l'est pas. C'est pourquoi la persuasion est reconnue comme un véritable art.

Mais pourquoi la persuasion est-elle un art que nous devrions tous développer ?

Laissez-moi vous donner un exemple à ne pas manquer.

Les fameux et effrayants entretiens d'embauche. Nous devons tous y faire face à un moment ou à un autre de notre vie.

Avez-vous déjà réfléchi à la raison pour laquelle vous n'avez pas pu obtenir le poste ?

La première possibilité est que votre profil ne corresponde pas à ce qu'ils recherchent. Vos connaissances et vos compétences n'étaient pas nécessaires. Dans ce cas, rien ne peut être fait. D'autre part, lorsque la description du poste correspond à votre personne, mais que vous n'obtenez toujours pas le poste, qu'est-ce qui a pu se passer ?

Peut-être que votre discours n'était pas assez bon pour persuader l'interviewer que vous êtes la pièce manquante dans son entreprise.

Avez-vous vu que la persuasion est quelque chose que nous devons tous apprendre ?

Mais pour continuer à parler du sujet, il est nécessaire de définir d'abord ce qu'est la persuasion, car il existe différentes opinions et perceptions sur ce concept.

Aristote, qui est considéré comme le père de la rhétorique, a été le premier à parler de persuasion. La rhétorique n'est ni plus ni moins que la technique et l'art de parler ; rappelons que les témoignages oraux et les discours prédominaient dans la société grecque et qu'ils ont été perfectionnés grâce à elle.

Ainsi, la persuasion est bien intentionnée, doit être fiable et transparente et promouvoir un avantage ou un impact positif. Il ne manipule pas, comme on le pense presque toujours.

Il convient de noter que dans la plupart des cas, sans généraliser, le résultat est influencé par nos croyances et notre culture ; cependant, l'utilisation de la persuasion peut être positive pour les deux parties et pas nécessairement pour l'une d'entre elles seulement, comme c'est généralement le cas si nous parlons d'égoïsme.

Aristote nous a parlé de l'existence de 3 piliers sur lesquels repose la persuasion :

Piliers de la Persuasion

- **Ethos :** comprend les arguments affectifs et moraux liés à l'émetteur du message. Ils font appel à l'autorité et à la crédibilité de l'orateur, définissent sa relation avec son public.

- **Pathos :** comprend des arguments plus efficaces liés au destinataire du message. Nous pouvons faire appel à ce qui génère un changement chez les gens et provoque un changement dans les actions, généralement ce sont des émotions et non des faits.

- **Logos** : se réfère au discours lui-même. Les arguments doivent être solides et faire appel à la raison et à l'intelligence de l'auditoire. C'est là que se trouve l'équilibre entre le discours émotionnel et analytique.

Laissant de côté toutes ces parties théoriques pour un moment, parlons maintenant de la manière dont la persuasion influence la publicité.

Nous pouvons aborder la persuasion sous différents angles et perspectives, à travers le comportement du consommateur, l'influence sociale et le design.

Lorsque vous pensez à la publicité, la première chose qui vous vient à l'esprit est certainement la manipulation et l'utilisation de messages subliminaux. Mais laissez-moi vous dire que ça ne marche pas comme ça. En interne, le consommateur possède déjà certains schémas et croyances qui l'amènent à agir d'une certaine manière. La seule chose que fait la persuasion est d'exploiter ces zones et d'accentuer les évidences.

Quels sont les Besoins des Consommateurs ?

Ces personnalités changent de temps en temps, voire peuvent changer tous les jours, mais allons plus loin et parlons de l'influence sociale.

Lorsque les gens appartiennent à un groupe, cela fait naître en eux de nouveaux besoins. Réfléchissez, quels sont les besoins qui ont été créés en vous lorsque vous avez rejoint votre lieu de travail actuel ?

Par exemple, lorsqu'une personne est promue, elle peut vouloir éviter de se déplacer en transports publics et donc avoir besoin d'acheter une voiture. Vous avez peut-être ressenti le besoin d'acheter de nouveaux vêtements.

Tous ces besoins découlent d'un sentiment d'appartenance.

Ici, la persuasion a donc pratiquement gagné dès le départ.

Le besoin est déjà créé, donc si vous venez au magasin, cela signifie que vous devez acheter quelque chose.

C'est ce qu'on appelle le comportement du consommateur. Un autre exemple serait lorsque vous devez acheter un nouveau téléphone portable.

Comment la Décision d'achat est-elle Prise ?

Prenons l'exemple d'Apple. Sa gamme de produits comprend trois types de téléphones : bon marché, moyen et cher.

Lorsque vous arrivez au magasin, le vendeur vous montre la première option, et vous pensez "c'est très cher".

Et puis la deuxième option, qui est moins chère.

Mais lorsque vous connaissez le prix, vous vous dites : "il est moins cher, il a sûrement un défaut".

Enfin, la troisième option qu'il vous montre est la plus chère, que vous ne pouvez absolument pas acheter, et vous finissez donc par acheter la première option, qui est un moyen terme entre les deux précédentes.

Cet achat est étroitement lié aux croyances que nous avons en tant que membres d'une société. Nous pensons toujours que si quelque chose est bon marché, c'est qu'il n'est probablement pas très bon.

Cette partie est exploitée lors de la création d'une stratégie de vente, mais cela ne signifie pas qu'"ils veulent vous vendre le plus cher".

En ce qui concerne le design persuasif, les informations doivent être présentées de manière claire et agréable, sans être prétentieuses. De même, en fonction de ce que vous voulez montrer, il convient d'utiliser différents atouts techniques et visuels, tout cela pour que l'utilisateur se sente à l'aise et qu'il garde un bon souvenir de l'expérience. C'est là que vous mettez en pratique les piliers d'Aristote et que vous devez gérer les émotions et donner confiance à votre public cible. L'objectif est atteint lorsque vous générez un souvenir dans l'esprit du consommateur.

Rappelez-vous que la persuasion n'est pas seulement utilisée par les orateurs ou les politiciens dans leurs discours, mais qu'il s'agit d'une compétence que nous devons tous développer pour atteindre des objectifs et le bien commun.

Vous vous souvenez du Discours d'Emma Watson à l'ONU ?

C'est persuasif ! Et elle soutient non seulement un objectif ou un avantage pour vous, mais aussi pour le monde en général.

Au travail lorsque vous demandez une augmentation, à l'école, avec votre partenaire et avec votre famille... la persuasion est partout, mettez-la en pratique !

Si vous commencez à créer des designs convaincants, votre marque aura certainement plus de succès en termes de positionnement dans l'esprit des consommateurs.

L'histoire de la Persuasion

Savez-vous ce que le discours de Barack Obama, la publicité Chanel, la campagne pour la Polo de VW et le communiqué de presse de Repsol ont en commun ? La réponse se trouve dans un ouvrage écrit il y a plus de 2 300 ans ! Son titre est "La rhétorique et l'auteur" d'Aristote. Ce traité établit les bases de la communication d'entreprise, publicitaire, politique, institutionnelle, émotionnelle et journalistique.

Dans cette section, je vais tenter de montrer comment les préceptes théoriques et la méthodologie exposés dans " La Rhétorique " s'appliquent au quotidien et de manière pluridisciplinaire dans les domaines de la communication professionnelle. La base conceptuelle du travail s'articule autour de la maîtrise de la parole et du discours - discursivité- comme outils pour exercer une communication persuasive.

Grâce à ces éléments, nous pouvons présenter des arguments ou des raisonnements au public pour le convaincre, en faisant appel à ses sentiments et à ses émotions. De même, Aristote détermine et analyse les protagonistes de ce processus : émetteur, récepteur, message et canal ou support. L'expéditeur doit projeter une image de crédibilité, d'autorité et de modération qui facilite l'acceptation de ses messages par l'interlocuteur.

Quant au destinataire, il sera essentiel de connaître son âge approximatif et son statut social. De cette façon, le contenu sera adapté aux particularités du public. Le message doit être caractérisé par un style simple mais élaboré, sans toutefois donner un sentiment d'artificialité. Le vocabulaire sera clair et compréhensible pour tous les publics. Et l'utilisation de ressources "linguistiques" qui attirent l'attention de l'interlocuteur sera pertinente.

Aristote définit la structure des messages dans la préface et l'épilogue. Le préambule, dans lequel est présenté le sujet qui sera abordé plus tard, permet de capter l'attention de l'auditoire. Dans la préface, toute la force argumentative et narrative de l'exposé sera inversée. L'épilogue contiendra un synopsis pour résumer et consolider le message transmis. Le message fera appel à la composante rationnelle et émotionnelle qui prédispose l'interlocuteur dans le sens souhaité par l'expéditeur. Enfin, précisez que le message et ses structures seront toujours adaptés au canal ou au support par lequel il sera transmis.

Par conséquent, dans cette section, nous jetons un regard sur le passé qui nous ramène aux concepts originaux de la communication. Ce rappel est pertinent dans l'environnement numérique actuel dans lequel nous nous trouvons. En fait, nous utilisons actuellement un nombre infini de médias et de canaux technologiques qui sont à notre portée. Ainsi, nous sommes présents sur les réseaux sociaux traditionnels (Facebook, Twitter, Instagram, Pinterest, YouTube, etc.) et d'autres émergents (Periscope, Meerkat). Et nous sommes au courant des systèmes de messagerie privée comme Telegram et des applications innovantes comme Snapchat.

Bien sûr, nous connaissons les grandes tendances de la création de contenu de marque (branded content, storytelling, scroll telling, etc.) et nous essayons d'approcher le public à travers des sujets personnalisés et de qualité, développant et exploitant ainsi la transversalité de l'information. En même temps, nous ne devons pas oublier que le support—le support technologique—n'est pas une finalité, mais un outil dans l'exercice de notre profession. Et nous devons nous rappeler l'affirmation des penseurs classiques : "le plus ancien est le plus moderne". Le passé et le présent se serrent la main, car l'objectif final - guider, influencer la volonté de l'interlocuteur en utilisant des stimuli persuasifs et en faisant appel à ses émotions - reste le même après vingt-trois siècles.

Persuasion 101

Le mot latin persuasĭo est entré dans notre langue à la suite de la persuasion. Ce mot vient du latin, "persuader", qui se compose de deux éléments : le préfixe "per", qui signifie "complètement", et le verbe "suadere", qui signifie "conseiller".

Cette action (persuader) consiste à convaincre une personne de quelque chose, en utilisant différentes raisons, ou en faisant appel à différentes techniques.

Par exemple : "Visons d'abord la persuasion : si nous n'y arrivons pas, nous utiliserons la force", "Il ne sert à rien d'imposer les choses par la violence, il est essentiel de viser la persuasion", "Il a fallu des heures et des heures de conversation pour convaincre mes parents, mais j'ai fini par obtenir l'autorisation, et je vais pouvoir voyager". "

La persuasion se fait par l'influence. L'intention est qu'une personne donnée change sa façon de penser ou ses comportements, pour cela il est nécessaire de l'influencer à travers ses sentiments ou en lui fournissant des informations que, jusqu'à présent, elle ne connaissait pas.

On peut dire que la persuasion est le contraire de la coercition ou de l'imposition. Alors que la persuasion est accomplie en suggérant des choses, la coercition et l'imposition sont accomplies par la force. Cela signifie qu'une personne, lorsqu'elle est persuadée, agira comme l'autre l'entend mais par sa propre volonté, sans être poussée par la crainte d'une réaction violente ou répressive.

Plusieurs facteurs contribuent à l'acte de persuasion. En général, on fait appel à l'engagement des gens, en les convainquant que ce qu'on leur propose est la bonne chose. La position de la personne qui tente de persuader l'autre est également pertinente. Si l'individu en question fait autorité ou est populaire, ses opinions sont susceptibles d'avoir plus de pouvoir de persuasion que celles des autres. C'est pourquoi de nombreux partis politiques font le pari de faire appel à des célébrités comme candidats dans les processus électoraux.

Il existe différentes méthodes pour persuader quelqu'un, dont les plus importantes sont les suivantes :

- **Emotionnel.** Vous utilisez des techniques comme la séduction, la piété, la foi, la tradition.

- **Rationnel.** On recourt à l'évidence, à la rhétorique, à la création d'arguments ou à la logique.

- **Polémique**. Comme dans la torture, le contrôle de l'esprit et même le lavage de cerveau sont utilisés.

Nous ne pouvons pas ignorer l'existence d'un roman très connu dont le titre ressemble au terme en question. Nous faisons référence à "Persuasion" (1816) de Jane Austen (1775 - 1817), connue pour d'autres œuvres telles que "Orgueil et préjugés" (1813) ou " Raison et sentiments " (1811).

En particulier, "Persuasion" est le dernier livre écrit par l'auteur anglais. Le personnage principal, Anne, est une femme qui, en raison des normes sociales, subit un coup dur en amour lorsqu'elle est obligée de rejeter l'homme dont elle est amoureuse simplement parce qu'il ne vient pas d'une famille riche. Cette circonstance l'amène à vivre les années suivantes dans la solitude. Cependant, tout change lorsqu'elle rencontre à nouveau cet homme, qui est maintenant un capitaine riche et socialement reconnu.

Comprenez Quand Vous Êtes la Cible

Vous êtes les marionnettes des autres ? Apprenez les trois gestes utiles pour couper les ficelles qui vous lient à ceux qui cherchent à vous manipuler.

"Je ne comprends pas comment ça arrive, mais chaque fois que je rencontre ma sœur, je perds. Quand Lidia veut que je fasse quelque chose pour elle, elle y parvient toujours ! Je ne sais pas comment ça se passe, mais la situation se déroule d'une manière qui ne me laisse pas d'autre choix que de faire ce qu'elle veut."

C'est la plainte de Francesco. Lidia, sa grande sœur, est passée maître dans l'art de la manipulation. Et Frank n'est pas le seul ; le nom de sa sœur peut être substitué à un fils, un mari, une belle-mère, un collègue ou même un meilleur ami. Comme elle, il y a des gens qui, pour s'en sortir, manipulent les autres comme s'ils étaient des marionnettes.

Les manipulateurs, ces "marionnettistes" habiles, savent comment manipuler les ficelles de ceux qui tombent dans leur orbite pour atteindre leurs objectifs. Certains le font consciemment parce que leur plan est froidement calculé ; d'autres agissent ainsi parce que c'est le seul moyen qu'ils connaissent pour s'en sortir. Mais tout le monde, sans exception, peut continuer à agir de la sorte parce qu'il a un partenaire formidable. Devinez qui c'est ? La personne qui se laisse manipuler. Dans de nombreux cas, il ou elle n'est pas une victime, mais un volontaire dans ce jeu frustrant. En d'autres termes, la manipulation se produit et persiste parce que la personne manipulée la laisse faire.

Examinez votre propre cas. Peut-être cédez-vous par chagrin, par sens de l'obligation, parce que vous craignez d'offenser cette personne, ou pour maintenir la paix. Souvent, vous vous trouvez dans certaines circonstances qui ne vous laissent pas d'autre choix que de céder une fois de plus. Le cas le plus typique est celui d'un vendeur qui vous avertit qu'il faut agir maintenant car l'offre "merveilleuse" se termine dans cinq minutes. Vous finissez par vous sentir frustré, irrité, épuisé et plein de ressentiment. La vérité est que vos relations avec ces "marionnettistes" ne sont pas les meilleures. Et aussi, combien de temps, d'argent, de ressources et de tranquillité d'esprit vous avez perdu aux mains des manipulateurs !

Mais y a-t-il une lumière au bout de ce tunnel ? La bonne nouvelle, c'est que si vous êtes responsable de ce qui se passe, de même, vous pouvez prendre le contrôle de votre vie et couper les ficelles qui vous lient au manipulateur. Voici trois étapes pour y parvenir :

Reconnaissez le Jeu

Certaines victimes de manipulation se sentent mal à l'aise après avoir eu affaire à l'un de ces spécimens, mais ne peuvent pas identifier exactement pourquoi. Comme le dit Francis, "Je ne sais pas comment, mais ma sœur me fait toujours faire ce qu'elle veut."

C'est pourquoi la première étape pour couper les ficelles qui vous lient au manipulateur est de reconnaître son jeu. En d'autres termes : découvrez quelles armes il utilise pour vous manœuvrer. Ont-ils recours à la pitié ? "Je n'ai pas eu la même chance que toi dans la vie." Peut-être qu'il vous contrôle par la culpabilité. "Si vous ne m'aidez pas, mes enfants, vos petits-enfants, feront faillite." Ou bien il vous met devant le fait accompli en vous disant qu'"il vaut mieux demander pardon que de demander la permission". Exemple : "J'ai pris la liberté de prendre ceci chez vous." Vous devez connaître leurs stratégies pour être prêt et ne pas être pris au dépourvu. "J'ai découvert que la tactique de ma sœur est d'utiliser la punition". Elle joue le rôle de la malheureuse, accablée par la malchance ? "Et je tombe toujours dans le panneau", admet Francis. Une fois que vous avez reconnu le modus operandi de cette personne, passez à l'étape suivante.

Découvrez vos "Points Faibles"

Les manipulateurs ont un secret efficace : ils utilisent les tactiques appropriées pour chaque personne et ils savent lesquelles fonctionnent le mieux pour chacune d'entre elles. Chez l'un, c'est la culpabilité, chez l'autre, c'est le chagrin ; chez certains, c'est la vanité (le manipulateur prétend être incapable de faire quelque chose pour être aidé, ce qui donne à l'aidant le sentiment d'être important - sans qu'il se rende compte qu'il est utilisé) ou même la peur du divorce, du licenciement, de l'abandon ou de la ruine.

Quel est votre talon d'Achille ? Découvrez les "faiblesses" qui vous poussent à fonctionner comme si vous étiez un robot. Lorsque vous vous rendez compte que vous cédez toujours par douleur, par vanité ou parce que vous ne savez pas comment agir devant le fait accompli, arrêtez. Interrogez-vous sur la raison pour laquelle vous avez ce "point faible" particulier et sur les conséquences que vous craignez de subir si vous décidez de ne pas céder. Sont-elles réalistes ? Ou êtes-vous influencé par le "maître des marionnettes" ? Est-ce que vous avez le droit d'être influencé par le "marionnettiste" ? Pourquoi vous sentez-vous ainsi ? Comment cela vous affecte-t-il ou vous nuit-il ? Et quel effet cela a-t-il sur votre relation avec cette personne ? Voulez-vous garder les ficelles qui vous lient au "marionnettiste" ? Si vous voulez les couper et être libre, passez à l'étape suivante.

Changez votre Comportement

Maintenant que vous savez quelles tactiques ces personnes utilisent pour vous manipuler et que vous comprenez pourquoi vous tombez dans le piège, vous devez modifier votre comportement.

- Ne soyez pas hâtif.

Prenez tout le temps nécessaire pour évaluer la situation et déterminer comment vous voulez réagir.

- Préparez-vous mentalement à ce que vous ressentirez dans ces moments-là. La douleur, la peur, la culpabilité et l'anxiété. Laisse ces sentiments t'envahir. Et passent, comme une vague qui vous enveloppe puis s'éloigne. Rappelez-vous : le "marionnettiste" les utilise précisément parce qu'ils sont efficaces. Acceptez la possibilité que certaines personnes s'éloignent de vous ou que certaines relations changent radicalement. Mais s'il est clair pour vous qu'aucune relation basée sur la manipulation n'est bonne pas, vous serez en paix avec ce qui pourrait se passer.

- Exprimez votre préférence ou votre position poliment, mais avec une fermeté totale

Si la personne insiste, soyez cohérent, car c'est vous qui apprenez aux autres comment ils peuvent être avec vous, simplement en commençant par le traitement que vous leur accordez. Préparez-vous à répéter la même chose des milliers de fois, et sachez que le "marionnettiste" peut trouver d'autres tactiques pour vous manipuler. Encore une fois : soyez cohérent. Dès que vous cesserez d'accepter la manipulation, la personne comprendra que ses tactiques ne fonctionnent pas pour vous et vous serez libre.

Quand vous Devez Demander de l'aide

Parfois, la situation atteint des niveaux que vous ne pouvez pas gérer en utilisant les mêmes tactiques qui fonctionnent dans des situations normales. Si vous avez affaire à une personne instable qui vous maltraite physiquement, menace de se suicider ou commet des actes "fous", prenez la situation très au sérieux et demandez de l'aide de toute urgence. Vous et les autres personnes concernées devez-vous protéger d'une situation dangereuse.

Comment Augmenter Votre Capacité de Persuasion

Comme l'a dit John Ruskin, "Celui qui a la vérité dans son cœur ne doit jamais craindre que sa langue manque de pouvoir de persuasion." C'est probablement vrai. Cependant, la psychologie a étudié d'autres théories qui peuvent être très utiles dans certaines situations spécifiques.

Avant de poursuivre, sachez que la persuasion se définit comme la capacité de séduire, de convaincre, d'impressionner ou de charmer une personne.

Quelques Théories Psychologiques pour Améliorer la Persuasion

Le terme "persuasion" peut avoir eu quelques connotations négatives ces dernières années. Nous vivons dans un monde d'incertitude globale et de consumérisme forcené, et nous sommes constamment bombardés de publicités apparemment persuasives, dont les motivations ne sont pas nécessairement aussi directes ou simples qu'elles devraient l'être, loin des causes louables.

Il est donc important de préciser la différence entre persuasion et manipulation. Dans la persuasion, il y a de l'honnêteté, alors que dans la manipulation, il n'y en a pas. Du point de vue de la persuasion, l'autre personne sait que nous essayons de la convaincre de quelque chose par la manière dont nous la lui présentons. À l'inverse, dans une perspective de manipulation, ces informations ont tendance à être dissimulées, cachées.

La persuasion est comprise comme la capacité d'influencer une autre personne de manière honnête, ce qui donne un grand avantage aux personnes qui l'ont développée. Il est donc important de connaître certaines théories qui sont valables dans le temps.

L'hypothèse de l'amplification

Un esprit ferme est immunisé contre la conviction. Il existe toutefois des moyens de l'adoucir, par exemple en s'exprimant avec incertitude ou en utilisant des arguments fondés sur l'émotion.

Ainsi, en mettant en pratique cette hypothèse promulguée par Clarkson et Rucker, vos chances d'influencer votre interlocuteur augmenteront si les attitudes que vous projetez ont la même signification que celles de votre interlocuteur. C'est précisément ce qui donne son nom à la théorie : si vous voulez persuader quelqu'un sur un sujet lié au sport et que vous êtes tous deux supporters de la même équipe sportive, par exemple, la puissance de vos arguments sera amplifiée.

La Théorie de la Manipulation

Cette théorie consiste en quatre maximes pour séduire une personne, notamment s'assurer que les informations sont aussi complètes que possible, garantir l'authenticité de ces informations, vérifier qu'elles sont pertinentes par rapport au sujet et les présenter de manière qu'elles puissent être pleinement comprises par l'autre personne.

Cette hypothèse, qui peut sembler très simple, est en fait très rationnelle et juste. Comme l'a dit Ruskin, si les faits sont de votre côté, vous ne devez pas penser que vous n'êtes pas convaincant. Cependant, vous devez être bien préparé et avoir une grande connaissance du sujet, ainsi que savoir comment l'expliquer, pour convaincre quelqu'un.

Cependant, il est difficile de se défendre contre une telle stratégie, surtout si votre interlocuteur est habile avec les mots. Il est nécessaire d'observer son langage non verbal, qui reflète les contradictions entre la certitude de son discours et ce que disent ses gestes. En ayant une petite idée du sujet, vous pouvez comprendre quelle est la partie la plus fragile de son argumentation.

La Théorie de l'amorçage

Cette méthode psychologique de persuasion est couramment utilisée dans la publicité. Il se concentre sur les réseaux d'interaction que nous devons créer dans notre esprit. En effet, lorsque la mémoire est activée par un concept ou un sentiment, cela permet à son tour d'activer, pour un temps limité, tout ce qui est associé à ce souvenir. Par exemple, si on vous raconte les petits déjeuners de votre enfance, il sera beaucoup plus facile par la suite de vous faire acheter du lait.

L'apprêtage doit être effectué de manière très subtile. La personne amorcée ne doit pas être consciente de la manière dont elle est influencée, même si elle sait qu'elle se trouve dans une zone d'influence puisqu'il s'agit de publicité. Dans un autre cas, cela s'appellerait de la manipulation.

La Règle de Réciprocité

Il s'agit d'une norme sociale largement acceptée. C'est aussi simple que de donner quelque chose et de s'attendre à ce que cela soit réciproque. Il ne s'agit pas d'un acte volontaire, mais établi et accepté par tous.

La mise en pratique de cette norme peut être aussi simple que de dire merci. Face à l'offre que vous faites, vous attendez de votre interlocuteur qu'il accepte une gentillesse. La réciprocité doit être proportionnelle au type de service rendu.

Le Principe de la Rareté

En un sens, tous les êtres humains ont besoin de contrôler leur monde. Avoir le libre arbitre sur notre environnement est important. C'est pourquoi, lorsqu'une chose est rare, le désir de la posséder augmente.

Cette technique psychologique est également largement utilisée dans le monde de la publicité ; pensez aux célèbres slogans. Si vous vous considérez comme une victime de cette pratique, demandez-vous si vous avez vraiment besoin de ce bien rare, de ce sentiment ou de cette émotion rare qui vous est offert.

Toutes ces théories psychologiques de la persuasion vont au-delà du simple domaine théorique. Elles ont été mises en pratique et leur efficacité a été prouvée. Vous les avez probablement utilisés à un moment donné de votre vie sans même en être conscient.

CHAPITRE 7
Décrypter les Types De Personnalité

La question de savoir combien de types de personnalité humaine existent est l'un des sujets les plus débattus en psychologie.

Les scientifiques ont eu tendance à tenter de les classer en utilisant cinq dimensions fondamentales de la personnalité : le névrosisme, l'extraversion, l'ouverture aux nouvelles expériences, l'agréabilité et la responsabilité. Quatre grands groupes de personnalité ont ainsi été identifiés.

Le vaste projet de recherche, dirigé par Luis Amaral de Northwest Engineering et impliquant plus de 1,5 million de personnes, a identifié ces groupes comme étant "moyens", "réservés", "égocentriques" et "modèles". Toutefois, les chercheurs soulignent que les personnalités changent au fil des ans.

Bien que les psychologues soient depuis longtemps quelque peu sceptiques à l'égard des tests de personnalité et de leur efficacité, le grand nombre de résultats de cette étude pourrait être utile pour les recherches futures.

En Moyenne

Il s'agit du type de personnalité résultant le plus commun, et nous pourrions l'appeler le type "normal". Les gens montrent des traits modérés de responsabilité (conscience et considération des gens) et de gentillesse (compréhension, peu d'hostilité), et possèdent peu d'attentes (curiosité et recherche de nouvelles expériences).

Réservés

Ce sont des personnes ayant une grande stabilité émotionnelle et un caractère normal, ni ouvert ni névrosé. Ils ne sont pas connus pour être extravertis, mais sont amicaux et responsables. Ils sont quelque peu timides, n'établissent généralement pas de contact visuel et mettent une grande distance entre eux et les autres. Ils sont généralement assez peu sûrs d'eux et absorbent les informations émotionnelles (positives et négatives). Leur disposition est généralement empathique et juste, et ils s'irritent si quelqu'un élève la voix sans raison.

Egocentrique

Selon les scientifiques, ce ne sont pas des sujets très agréables à traiter. Ils se caractérisent par des scores plus faibles en matière de gentillesse, d'ouverture et de responsabilité. Ils sont très extravertis, mais peu francs et consciencieux. Ils se concentrent sur eux-mêmes et préfèrent ne pas vivre de nouvelles expériences.

Ils croient tout savoir et imposent leur opinion sur n'importe quel sujet. Ils se sentent supérieurs, n'écoutent pas les conseils et essaient toujours de contrôler la situation. Selon l'étude, il s'agit d'un type de personnalité toxique, non seulement pour les autres mais aussi pour soi-même. Ils adorent les compliments et font constamment référence à leur excellente préparation.

Modèles de Rôle

Il s'agit d'un trait de personnalité avec des niveaux élevés d'extraversion, de gentillesse et de responsabilité et peu de névroses. Les personnes qui appartiennent à ce type de personnalité sont exceptionnellement consciencieuses dans tous les domaines. Ces traits prédominent généralement chez les femmes et s'intensifient avec l'âge. Les modèles de comportement sont toujours intéressés par ce que les autres ont à dire. Ils sont des leaders, stables émotionnellement et travailleurs.

Changements dans le Temps

Les chercheurs ont observé comment la personnalité de chacun d'entre nous évolue au fil des ans. Les données analysées révèlent quelque chose que chacun connaît par expérience personnelle : à l'adolescence, il est courant d'être centré sur soi-même (surtout pour les hommes). Les tendances névrotiques diminuent avec le temps, tandis que la responsabilité et la gentillesse augmentent.

Lorsqu'on étudie de très grands groupes de population, les tendances semblent changer en fonction du groupe d'âge. Selon les scientifiques qui ont mené cette enquête, les résultats seront très utiles pour les psychologues et les psychiatres, qui disposeront ainsi d'un modèle de référence pour le diagnostic des maladies mentales.

De l'avis d'Amaral, "L'étude d'un ensemble de données aussi vaste n'aurait pas été possible avant Internet. Auparavant, les chercheurs pouvaient recruter des étudiants sur le campus et atteindre peut-être quelques centaines de personnes. Maintenant, nous avons toutes ces ressources en ligne, et davantage de données peuvent être partagées".

Qu'est-ce que la Manipulation Emotionnelle Cachée ?

Le vieil adage "connais ton adversaire" est essentiel lorsqu'on a affaire à un manipulateur. Le fait d'être capable de le repérer et de comprendre ce qu'il prépare vous permet de réagir stratégiquement à l'exploitation cachée et de riposter. Cependant, si vous avez eu un parent ou un partenaire manipulateur, il peut être plus difficile pour vous de le reconnaître.

Signes de Manipulation Emotionnelle

La manipulation émotionnelle n'est pas toujours évidente.... Les manipulateurs peuvent être très bons dans ce qu'ils font et passer inaperçus. Alors, comment identifier une telle situation ? Découvrons ensemble les huit signes de la manipulation émotionnelle.

- **Manipuler avec les mots**

Un manipulateur peut dire des choses d'une manière qui semble authentique et honnête, car il est habile à cacher ses véritables intentions. Par exemple, vous pouvez lui exprimer votre colère parce qu'il a manqué un anniversaire ou une occasion spéciale, et il vous répondra quelque chose comme "cela me rend très triste que tu penses que j'aurais oublié ton anniversaire".

Il est très courant qu'il utilise des mots pour vous faire sentir coupable de quelque chose qui n'est pas vraiment de votre faute. Il peut s'agir de l'accusation d'un fait anodin, comme l'oubli de votre anniversaire, ou d'attaques et de récriminations plus graves.

Déformation des Faits

Une autre forme de manipulation consiste à déformer ce qui s'est passé ou ce que vous avez dit. Vous utiliserez des phrases hors contexte ou raconterez un fait en fonction de votre point de vue. Certains manipulateurs sont si bons qu'ils parviennent à vous faire croire leur version. En général, ils chercheront à justifier leur mauvais comportement et à vous en rendre responsable.

- **Vous faire sentir coupable**

La culpabilité est l'une des grandes armes de la manipulation émotionnelle. C'est toujours ta faute. Vous avez été silencieux ou avez trop parlé. Vous vous inquiétez trop ou ne montrez pas assez d'intérêt. Vous êtes trop prudent ou trop superficiel, quoi qu'il en soit, le manipulateur essaiera toujours de vous convaincre que vous et votre mauvais comportement êtes à blâmer. Et ils seront excellents pour se faire passer pour la victime.

- **Minimisez vos problèmes**

Les manipulateurs émotionnels ne se soucient pas de vos problèmes. Chaque fois que vous dites quelque chose comme "j'ai une migraine", ils trouvent le moyen de vous convaincre qu'ils ont un problème bien plus grave. Ils prendront vos phrases et vous feront sentir coupable de vous plaindre de quelque chose, car leurs problèmes seront toujours pires, leur travail sera plus stressant, leur vie sera plus difficile ou du moins ils essaieront de vous le faire croire.

- **Comportement passif-agressif**

Le comportement passif-agressif est courant dans la manipulation émotionnelle. Souvent, les manipulateurs vous diront des choses positives, mais superficielles. Ensuite, ils vous dévaloriseront, inventeront des problèmes, mettant ainsi votre santé psychologique en danger. Ou bien ils se taisent tout simplement, ce qui vous rend encore plus coupable, alors que vous vous demandez ce que vous avez bien pu "faire de mal".

- **Vampires d'énergie**

Les manipulateurs émotionnels ont un nuage noir qui les suit partout où ils vont. Lorsqu'ils entrent dans une pièce, l'attention se porte sur eux, et petit à petit, vous vous sentirez affaibli. Ils sont toxiques et essaieront toujours de vous priver de joie. La meilleure chose à faire est de s'éloigner d'eux.

- **L'agressivité**

Les manipulateurs utilisent souvent un langage et des actions agressifs pour vous intimider. S'ils se rendent compte que vous préférez ne pas les affronter, ils vous mettront mal à l'aise afin d'obtenir facilement ce qu'ils veulent. L'agressivité aura tendance à s'aggraver et pourra se transformer en abus au fur et à mesure qu'ils "progressent" dans leur forme de manipulation émotionnelle.

Comment Faire Face a un Manipulateur Emotionnel ?

- Essayez de comprendre le besoin d'acceptation de cette personne

Si la personne qui agit de manière manipulatrice est un membre de la famille ou une personne avec laquelle vous pensez que la relation doit être maintenue et soutenue, essayez d'analyser ses attitudes et de comprendre leur origine. Par exemple, il peut s'agir d'une insécurité ou d'un manque d'estime de soi. Chacun de ces sentiments est le signe d'un besoin, et vous pouvez l'aider en lui montrant que ce vide peut être comblé sans manipuler les autres.

Il est bon de rappeler qu'il est essentiel de ne pas céder au chantage et aux tentatives de manipulation si l'on veut aider l'autre. Aimer, c'est aussi savoir dire non quand il le faut et être ferme, afin de construire une relation saine, qu'elle soit amoureuse, amicale, professionnelle ou familiale. Dans ces cas, le dialogue est également fondamental.

- Améliorer la connaissance de soi et comprendre ses besoins

La connaissance de soi est la solution à la plupart des problèmes que nous pouvons rencontrer en rapport avec nos sentiments. Une situation de manipulation constitue également une relation de dépendance entre les deux parties. Si vous avez tendance à céder au chantage, c'est que, peut-être, vous avez vous aussi besoin de vous sentir accepté et aimé, ce qui vous amènera à céder à la volonté de l'autre, même sans vous en rendre compte.

Connaître vos sentiments vous aidera à comprendre pourquoi vous êtes enclin à céder à la manipulation. Une meilleure compréhension de vos sentiments vous amènera à faire preuve de fermeté et à conclure que vous n'avez pas besoin d'agir à l'encontre de vos croyances et de vos désirs simplement pour être accepté par quelqu'un. En faisant preuve de confiance, la personne manipulatrice comprendra qu'elle n'a plus de pouvoir sur vous.

- Quand est-il préférable de partir ?

Dans certains cas, la meilleure chose à faire est de s'éloigner, afin d'empêcher la personne manipulatrice de continuer à vous faire sentir de plus en plus dépendant et inférieur. Cela est particulièrement nécessaire dans les relations amoureuses abusives, où l'autre personne a besoin de garder le contrôle de la situation et, par conséquent, maltraite émotionnellement et, dans les cas graves, même physiquement son partenaire.

La rupture d'une relation peut être très délicate, mais dans de nombreux cas, elle est nécessaire pour retrouver sa liberté et son individualité. N'oubliez jamais que votre bonheur et votre sécurité doivent passer avant tout, et que ce n'est peut-être pas le meilleur choix de vous sacrifier pour rester avec quelqu'un qui utilise des outils nuisibles contre vous.

Analysez la relation dans son ensemble et réfléchissez à ce que vous ressentez habituellement. De cette façon, vous pourrez trouver la réponse à la question de savoir comment vous devez agir. Si vous savez déjà ce qu'il faut faire, prenez courage et faites de votre bien-être physique et mental et de votre bonheur une priorité. Prenez le contrôle de votre vie !

Une relation, qu'elle soit amoureuse ou non, doit être fondée sur le respect de l'individualité et des désirs de chacun.

CHAPITRE 8
Les Secrets pour Lire les Gens

Percevoir les sentiments et les pensées des autres est une compétence importante qui vous aide à gérer les relations interpersonnelles. Chaque être humain est différent, mais nous sommes tous reliés à la base de la même manière. Commençons maintenant à reconnaître les traces les plus cachées.

Établir la Base de Référence

Vous Connaissez les Gens

Pour pouvoir vraiment lire quelqu'un, il faut bien le connaître. Apprendre à connaître quelqu'un personnellement vous permet de mieux comprendre ce qu'il aime et ce qu'il n'aime pas, quelles sont ses habitudes courantes, et de deviner ce qui transpire de ce qu'il ne dit pas ouvertement.

- Sur la base de l'opinion d'une personne et de quelques rencontres avec d'autres.
- Par exemple, vous avez peut-être un ami qui est généralement très timide. Sa peur n'est peut-être pas due au fait qu'il a menti ou fait quelque chose de mal. L'opinion commune des autres est qu'il est nerveux et anxieux et c'est ainsi qu'il vous apparaît lorsque vous le rencontrez dans la rue.
- Faites attention aux habitudes des autres. Maintiennent-ils toujours un contact visuel ? Leur voix change-t-elle lorsqu'ils sont nerveux ? Comment gèrent-ils leur colère ? Cela vous mènera à ce que vous recherchez.

Posez des Questions Ouvertes

Lorsque vous examinez quelqu'un, vous le regardez et l'écoutez. Ce que vous ne faites pas, cependant, c'est prendre les rênes de la conversation et la diriger dans votre direction. Posez donc votre question et laissez l'autre personne prendre le relais. Asseyez-vous, détendez-vous et profitez du spectacle.

- Les questions ouvertes permettent aux autres de parler davantage et plus longtemps.
- Il est préférable de poser des questions appropriées. Demander "Comment va votre famille ?" peut conduire à une réponse désordonnée et confuse qui ne vous aidera pas à mieux évaluer les informations que vous recherchez. Vous pourrez peut-être recueillir des informations plus personnelles en demandant "Quel livre lisez-vous actuellement ?".

Recherchez les Conflits de Base

Vous remarquez que quelque chose ne va pas lorsqu'une personne habituellement affectueuse ne semble pas physiquement présente et ne veut pas vous approcher. Si vous prêtez attention à la façon dont les gens se comportent habituellement, vous serez en mesure de remarquer à l'avenir si quelque chose est inhabituel.

- Si quelque chose semble manquer, il est nécessaire de se demander pourquoi, du moins dans un premier temps. Certaines personnes peuvent, par exemple, être épuisées, s'être disputées avec d'autres personnes, avoir été en colère contre leur patron ou avoir eu un problème personnel. Ne supposez pas que le manque a à voir avec votre relation avec cette personne.

Travaillez avec le Groupe

Remarquer un seul détail n'est pas une raison suffisante pour tirer des conclusions hâtives.

- Essayez de trouver des indices dans les mots, le ton, le corps et le visage. Si vous en obtenez un de chaque, vous pouvez continuer. Mais bien sûr, un bon moyen de vérifier si vous avez raison est simplement de demander directement.

Connaissez vos Faiblesses

En tant que simples êtres humains, vous pouvez faire des erreurs. Si vous voyez quelque chose de beau, vous allez l'aimer et le vouloir. Si vous essayez un costume italien finement confectionné, vous lui ferez probablement confiance et l'achèterez. Vous vous reconnaissez là-dedans ?

Les humains pensent généralement que les personnes dangereuses sont celles qui sont ivres ou qui marchent dans la rue armée. En réalité, la plupart des psychopathes ont une apparence attrayante et agissent de manière camouflée parmi les gens. Il est toutefois impossible d'en être certain. Cependant, même si ce n'est pas nécessairement la meilleure chose à faire ou la plus précise, votre subconscient vous amène souvent à juger un livre à sa couverture.

CHAPITRE 9
Les Piliers de la PNL

La Programmation Neurolinguistique est un outil dont nous avons beaucoup parlé et qui est axé sur la recherche de modèles de comportement efficaces. Pour ce faire, nous avons essayé de nous baser sur les personnes les plus influentes dans différents domaines de la vie et nous avons examiné ce qu'elles ont fait pour y parvenir et ce qui les a rendues différentes des autres.

En raison d'expériences passées, d'influences environnementales ou culturelles ou pour d'autres raisons, nous avons des réactions ou des comportements que nous n'aimons pas dans certaines situations. Si nous voulons donner une réponse plus efficace ou éviter une réaction spécifique dans une situation donnée, ainsi qu'établir des relations efficaces, la PNL peut nous aider.

Résultats

Lorsque nous commençons un travail, une tâche, un projet, nous nous fixons des objectifs, qui peuvent être généraux ou spécifiques. Il en va de même pour la PNL : elle a des objectifs clairs qui mènent à des résultats obtenus en appliquant ses techniques sur des êtres humains. Il peut s'agir, par exemple, de l'amélioration des relations interpersonnelles, de l'acquisition de compétences entrepreneuriales, du changement d'idéologie, d'un apprentissage efficace, ou encore de plusieurs objectifs/résultats pouvant se produire en même temps.

Communication Efficace / Interpénétration

La communication est l'activité consistant à partager un message entre un émetteur et un récepteur. On distingue la communication orale, la communication non verbale et la communication écrite. Nous avons besoin des cinq sens pour parvenir à une communication véridique et efficace : l'ouïe, le goût, le toucher, la vue et l'odorat.

Lorsque nous parlons de combinaison, celle-ci se produit lorsqu'il y a une transmission et un échange d'idées optimaux entre deux ou plusieurs personnes, ce qui nous permet de nous identifier en fonction de nos idées et de nos sentiments et nous fait comprendre et appréhender correctement nos semblables.

Grâce à la PNL, nous apprendrons à communiquer et à nous comprendre de manière à améliorer constamment les relations interpersonnelles. Nous deviendrons des personnes qui réussissent en atteignant les objectifs que nous nous sommes fixés.

Acuité Sensorielle

Les cinq sens mis en mouvement par cette compétence nous aident à percevoir ce que nous ne pouvons souvent pas voir, entendre, toucher, sentir ou goûter. Nous acquérons la capacité de percevoir les détails et devenons pleinement conscients de ce qui est présent dans notre environnement.

Grâce à l'acuité sensorielle, nous acquérons la capacité de discerner. Nous captons un signal, nous distinguons les stimuli visuels, auditifs, gustatifs, tactiles et olfactifs, nous sommes confrontés à un apprentissage continu de nouvelles expériences à travers nos sens et c'est ainsi que nous parviendrons à un plus grand bien-être émotionnel, familial, professionnel, social, etc. En réalisant notre triomphe.

Comportement Flexible

L'expérience de la vie quotidienne nous amène à développer certaines habitudes ou comportements répétitifs, qui forment un certain profil de comportement. Avec la PNL, nous apprendrons à identifier et à désapprendre les comportements qui ne nous font pas réussir, en les remplaçant par de nouveaux comportements et en intégrant des habitudes différentes qui peuvent nous conduire à la victoire personnelle et à la réalisation de nos objectifs. Par exemple, nous pouvons modifier notre programme d'activités quotidiennes, en faisant de la gym cinq jours par semaine, en lisant un livre par mois, semaine ou jour... et ainsi de suite, en intégrant de nouvelles activités proportionnellement au changement que nous devons adopter.

Lorsque nous adoptons un changement d'habitudes, nous développons une certaine souplesse dans notre comportement ; ce n'est pas quelque chose que l'on acquiert du jour au lendemain, mais un processus qui prend du temps. L'important est d'être prêt à changer.

Comment Appliquer la PNL dans Votre Vie

Cette méthodologie de travail a été créée par l'informaticien et psychologue Richard Bandler et le linguiste John Grinder, qui ont combiné la communication, la psychothérapie et le développement personnel pour créer un modèle de communication très efficace. Les initiales signifient Programmation Neurolinguistique.

L'objectif de ce modèle est de motiver le changement par l'action afin d'atteindre des objectifs et d'améliorer toutes sortes de troubles, de maladies psychosomatiques, etc.

Comment ?

Par des exercices qui aident à programmer l'esprit, par la répétition de certaines actions qui visent à intégrer des modèles de réussite, des comportements ou des stratégies qui conduisent à la réalisation de ce que vous voulez.

La plupart des processus mentaux se produisent de manière inconsciente ; c'est pourquoi les techniques de la PNL cherchent à influencer cette partie du cerveau.

Techniques de PNL pour l'amélioration de soi

Avant de commencer le programme, il est recommandé de le lire attentivement et de le comprendre, d'éviter les distractions et de se concentrer. Ce sera votre clé pour obtenir de bons résultats.

Maintenant, nous avons rassemblé les exercices les plus efficaces qui servent à surmonter vos limites. Nous allons commencer par :

Contrôlez vos Émotions

L'objectif de cet exercice est de modifier la façon dont vous vous sentez chaque fois que vous vous souvenez d'un événement désagréable survenu dans le passé.

La première chose à faire est :

Souvenez-vous de quelque chose qui vous fait sentir mal ou qui vous met mal à l'aise et qui vous dérange depuis longtemps.

Créez un espace pour ce souvenir, visualisez-le devant vous ou à côté de vous.

Une fois que vous pouvez le visualiser, imaginez qu'il se déplace lentement vers vous, puis remettez-le dans sa position initiale. Vous avez le contrôle de cette image.

Imaginez que vous avez une fronde géante, mettez cette image hideuse sur la fronde, serrez le fermoir et laissez l'image s'éloigner jusqu'à ce qu'elle disparaisse.

Puis pensez à autre chose et revenez à la pensée désagréable. Si vous le voyez encore à proximité, répétez l'étape précédente et jetez-le à nouveau.

L'idée est de répéter cela jusqu'à ce que le souvenir ne puisse plus vous affecter et qu'il ne reste qu'un point très éloigné. Répétez autant de fois que nécessaire.

Anchorage

Une autre technique efficace de la PNL est l'ancrage, qui nous aide à surmonter des difficultés ou à atteindre des objectifs dans une situation qui nous cause de la détresse ou de l'anxiété. Idéalement, il s'agit d'ancrer un moment agréable ou positif à cette situation, en utilisant des techniques d'association par visualisation.

Vous pouvez évoquer un beau coucher de soleil ou une mélodie que vous aimez pour reprogrammer ce moment, affaiblir le souvenir négatif et le rendre plus positif et encourageant.

Vous devez associer ce moment à quelque chose de bon et le visualiser. Chaque fois que cette pensée destructrice ou pénible vous vient à l'esprit, pensez sans cesse à ce que vous voulez qu'elle devienne jusqu'à ce que votre esprit associe cette situation à quelque chose de relaxant et qu'elle cesse de vous perturber.

Snap - échelon

Tout d'abord, vous devez penser à quelque chose que vous ne savez pas faire ou qui ne vous motive pas. Chaque fois que vous faites de l'exercice, par exemple, vous pensez à des choses comme la sensation désagréable de la fatigue ou l'inconfort de la transpiration et vous cessez alors de vouloir le faire.

Cet exercice est très bon pour vous motiver à faire des activités pour lesquelles vous ne vous sentez pas motivé.

Commencez par vous faire une idée de la façon dont vous aimeriez vivre cette activité. Dans le cas de l'exercice, imaginez l'énergie que vous retirez de cette activité, ou visualisez comment les gens vous admireront pour votre effort et combien vous serez belle après l'avoir fait.

De cette façon, votre esprit associera l'activité à quelque chose de beaucoup plus motivant et vous aurez envie de faire cette activité.

Le Point d'expansion

Dans cet exercice, pour chaque fois que vous vous sentez heureux, faites une pause et cherchez quelque chose de négatif. Visualisez-le et placez un petit point en son centre ou dans l'un de ses coins. Ce point doit être une représentation de ce moment heureux.

Une fois visualisé, cliquez sur ce point et imaginez qu'il se développe pour remplacer complètement la situation négative.

Faites une courte pause et répétez le processus jusqu'à ce que vous puissiez facilement effectuer le changement.

Programmation Neurolinguistique et Hypnothérapie, un Plan de Renforcement

Les techniques de la PNL, ou programmation neurolinguistique, sont des outils qui nous aident à nous améliorer dans différents aspects de notre vie. Cependant, pour obtenir un changement extérieur, il faut aussi un changement intérieur. C'est là que l'hypnothérapie intervient.

Avec l'hypnothérapie, les changements s'opèrent de l'intérieur vers l'extérieur, en travaillant sur l'inconscient pour que les résultats puissent ensuite se refléter à l'extérieur. Rien ne change si l'on ne s'attaque pas à la racine du problème. Cette racine se trouve dans notre inconscient, car c'est là que se trouvent les informations qui déterminent notre comportement.

Avec l'hypnothérapie, il est possible de communiquer avec l'inconscient et de reprogrammer le cerveau en induisant des pensées positives qui permettront d'améliorer le comportement et de modifier les schémas qui entravent notre quête du bonheur.

En pratiquant les techniques de la PNL et les séances d'hypnothérapie, vous assurerez un changement positif dans votre vie. Il suffit d'être cohérent avec les exercices, les traitements et les thérapies pour pouvoir constater des résultats rapidement.

L'objectif est d'avoir la possibilité de suivre de nouvelles voies, de se remplir de choses positives et d'en tirer des avantages.

Quelques avantages que vous constaterez en combinant ces deux outils :

- Vous soulagerez le stress
- Vous découvrirez l'origine des phobies et éliminez-les
- Vous vous débarrasserez de vos mauvaises habitudes
- Vous adopterez de nouvelles routines qui favorisent votre bien-être
- Vous affronterez votre traumatisme

En temps voulu, vous verrez à quel point ces deux outils combinés ont amélioré votre vie. Il ne vous reste plus qu'à entamer une nouvelle étape au cours de laquelle vous commencerez à voir à quel point la vie peut être merveilleuse lorsque vous vous fixez pour objectif d'améliorer votre vie.

Comment les Utiliser dans le Domaine Professionnel

Les techniques de Programmation Linguistique, loin d'un contexte scientifique, ont apporté de nombreux progrès et améliorations chez l'individu, mais aussi dans l'entreprise et l'environnement psychologique.

Les techniques de la PNL sont largement utilisées dans les processus de coaching en entreprise, car la programmation neurolinguistique améliore l'autonomie personnelle au travail et dans la vie.

À quoi Servent les Techniques de la PNL ?

Grâce à leur mise en œuvre, vous pouvez améliorer considérablement votre communication avec les autres, car ils optimisent votre confiance et la façon dont vous vous présentez aux autres.

En examinant votre façon de penser et d'agir, la PNL vous fait analyser tout ce qui se passe en vous afin que vous puissiez éliminer votre côté autodestructeur ou nuisible.

L'une des clés qu'elle offre à l'individu est l'observation des autres, pour comprendre comment les amener à adopter des comportements que vous jugez enrichissants et bénéfiques pour vous personnellement.

Ainsi, dans les relations sociales, votre interlocuteur peut se sentir plus à l'aise, grâce à la connexion qui se produit comme si vous étiez devant un miroir. Pour ce faire, vous devez combiner naturellement leurs mouvements avec les vôtres pour harmoniser la relation.

Pour autant, l'utilité des techniques PNL dans les départements RH est optimale. Vous transmettrez de la confiance, deviendrez influent et votre comportement approprié sera copié par les autres.

Rechercher l'excellence

La première technique PNL que vous pouvez pratiquer consiste à modéliser les comportements exemplaires de ceux que vous admirez. En d'autres termes, améliorez votre excellence en internalisant les comportements qui vous inspirent personnellement.

Visualisation Positive

Un autre exercice simple de PNL consiste à pratiquer un exercice de visualisation positive. Par exemple, si vous êtes sur le point de passer un entretien d'embauche, visualisez-vous en train de réussir l'épreuve. Comment cet exercice vous aide-t-il ? Il permet de prendre confiance en soi et de se sentir optimiste, reproduisant ainsi des sentiments agréables.

Améliorez l'humeur

Prenez également soin de la posture de votre corps, car votre position physique influence directement votre humeur. Par exemple, si vous êtes nerveux pour une raison quelconque, asseyez-vous dans le bureau, le dos droit, et respirez profondément. Cela vous aidera à améliorer votre humeur.

Entourez-vous également d'éléments positifs. Par exemple, personnalisez l'écran de votre ordinateur avec la photo d'un paysage naturel qui vous inspire un sentiment de calme et de sérénité. Ce sont de petit porte-bonheur que vous devez créer dans votre vie.

Rapport d'entretien d'embauche

Dans un entretien d'embauche ou dans une communication avec un partenaire commercial, il peut y avoir de la compréhension. C'est-à-dire que vous pouvez vous adapter au langage corporel de votre interlocuteur. Cependant, vous devez naturellement être leur miroir, sinon, si ce processus semble artificiel, il ne donnera pas de bons résultats.

Quelle que soit votre spécialité, la PNL est un complément indispensable dans votre vie professionnelle et personnelle.

Manipulation de l'esprit par la PNL

Les praticiens de la PNL sont souvent accusés de manipulation. Les détracteurs de la PNL l'accusent d'être égoïste, manipulatrice et contraire à l'éthique, car elle privilégie l'intérêt personnel.

D'un point de vue neutre, toute action et communication peut être qualifiée de "manipulation", c'est-à-dire la raison pour laquelle quelque chose est dit ou fait. On peut plutôt se demander à quel prix on fait quelque chose. Celui qui trompe son homologue agit à ses dépens. Si les bénéfices et les avantages pour le partenaire de communication ne sont pas pris en compte, tout acte est négativement manipulateur. D'autre part, la PNL veut créer ce que l'on appelle des innovations : une influence consciente et des actions utiles qui mènent à une communication réussie et à un bénéfice mutuel.

Les 15 hypothèses de Base de la PNL

Les hypothèses dites de base décrivent des théories fondamentales et utiles sur le fonctionnement d'une excellente communication.

1. Les gens sont uniques et vivent le monde de manière différente

Les gens sont différents ; chacun est unique. Cependant, les gens ont tendance à se voir avec un seul critère de jugement.

Exemple d'action préconçue

Monsieur Meier, un vendeur passionné par la technologie, pense que ses clients veulent être conseillés par lui. Cependant, il a du mal à attirer les clients.

Accepter le caractère unique de l'autre signifie reconnaître sa valeur, le respecter et son individualité. Il est important d'accepter la diversité, de l'apprécier et de ne pas évaluer le fait d'être différent comme étant "meilleur" ou "pire". Cela signifie également que chaque personne vit son environnement différemment et choisit entre de nombreux stimuli selon ses propres critères. Il en résulte des images, des priorités et des conclusions individuelles qui peuvent être respectées côte à côte.

2. L'esprit, le corps et l'environnement forment un système qui s'influence mutuellement

L'attitude mentale d'une personne influence son bien-être mental et physique ; son comportement influence sa pensée. Si vous changez une partie de ce système, l'ensemble du système change.

Exemple d'interaction

Une personne qui s'implique intensivement dans la protection de l'environnement perçoit des choses différentes dans son environnement qu'auparavant. Par exemple, il remarque les mesures structurelles des rivières. Ses pensées et ses émotions se reflètent ensuite dans son expression faciale et son attitude (influence sur le corps).

3. Tout comportement est une communication

Tout comportement contient des messages destinés à l'autre personne, qu'il s'agisse de mouvements visibles, de postures ou d'actions de "retenue" telles que le silence. Les actions d'une personne sont la seule référence visible, audible et tangible du traitement neurologique qui a lieu au sein d'un individu. Les capacités et les valeurs d'une personne ne sont pas directement perceptibles, mais ne peuvent être vues et expérimentées qu'à travers ses actions spécifiques. Tout le reste n'est que conjecture, évaluation et interprétation.

4. L'importance de la communication découle de la réaction qu'elle provoque

Question cruciale : qui est à l'origine d'une bonne ou d'une mauvaise communication - l'émetteur d'un message ou celui qui le reçoit ? " Tu as mal compris " et " Je me suis mal exprimé " reflètent ces deux pôles opposés. Si, par exemple, la communication provoque des réactions négatives, ce n'est pas le récepteur qui est à blâmer. Au contraire, l'expéditeur devra modifier ses déclarations et formulations de manière à ce que le destinataire les comprenne dans leur sens.

C'est le destinataire qui est important, pas l'expéditeur. Il ne s'agit pas de l'intention de l'expéditeur, ni même de ce qu'il veut dire, mais de ce qui parvient à l'interlocuteur, de ce qu'il peut et veut comprendre. L'expéditeur doit assumer la responsabilité de sa communication.

5. Les gens s'orientent sur des cartes spirituelles

Une carte n'est jamais le vrai paysage, tout comme le menu n'est pas la vraie nourriture, ou la partition n'est pas la musique. C'est une image de la réalité, un modèle de la réalité. La carte montre à l'utilisateur où il se trouve, où se trouvent certaines zones, à quelle distance un lieu se trouve de sa destination. Cela ne s'applique pas seulement aux plans de ville, mais aussi à la manière de s'orienter dans le monde en général.

Dans les cartes et les modèles spirituels, les expériences sensorielles sont stockées. Ils ne sont pas le monde réel, mais ils permettent de s'orienter. Chacun a des cartes spirituelles différentes qui ne sont ni meilleures ni pires que celles des autres. Par exemple, les gens ont des préférences de perception, c'est-à-dire qu'ils utilisent leurs organes sensoriels et évaluent les stimuli différemment. Ces différences sont souvent à l'origine de conflits et de malentendus. Le premier pas vers la compréhension et une communication réussie est de connaître et de comprendre la carte spirituelle de ceux qui vous entourent. Des cartes différentes apparaissent dans le langage : les mots sont utilisés différemment ou sont liés à d'autres contenus.

L'utilité des cartes spirituelles dépend de l'objectif pour lequel elles sont utilisées. Les gens alignent consciemment ou inconsciemment leurs actions en fonction de leurs cartes. Ils ne peuvent pas changer la réalité, mais leur image mentale le peut : échelles, évaluations, utilisation de différentes cartes pour atteindre différents objectifs - si la personne peut changer, les cartes peuvent augmenter. Le potentiel des cartes réside dans les choix individuels.

Exemple de changements dans les paysages spirituels

Monsieur Keller est en surpoids. Même lorsqu'il était enfant, ses parents le réconfortaient avec des sucreries. Chaque fois qu'il est sous pression, il se tourne vers le chocolat —sa carte mentale montre ce moyen de sortir des situations stressantes. S'il pouvait changer sa carte mentale par d'autres moyens, il pourrait s'épargner beaucoup de calories.

6. Il est préférable d'avoir le choix que de ne pas en avoir du tout

Qu'il s'agisse de choisir entre un large éventail de produits ou entre plusieurs options de réaction, il est bon d'avoir le choix. Les méthodes de la PNL visent à créer de nouvelles marges et alternatives. Cependant, il n'y a qu'un seul choix réel avec au moins trois options différentes :

- S'il n'y a qu'une seule voie possible, cela devient une contrainte, une obligation.
- Deux possibilités valent mieux qu'une seule contrainte, mais un dilemme se pose : il faut choisir une chose ou son contraire, l'un ou l'autre.
- Ce n'est qu'à partir de trois alternatives ou plus qu'il y a un véritable choix, un choix libre.

Exemple de choix

Monsieur Keller crée des alternatives d'action : en plus du chocolat, il compte désormais sur des exercices de relaxation ou d'exercice physique dans les situations stressantes. Il peut prendre une nouvelle décision au cas par cas.

7. Les gens font le meilleur choix entre ce qui est actuellement à leur disposition

Chaque personne a un chemin de vie. Il a appris ce qu'il peut faire et comment le faire de la meilleure façon possible. Ce qui est le plus bénéfique est mis en œuvre. Si une personne considère que les avantages sont insuffisants ou qu'elle rencontre des problèmes, elle doit développer de nouvelles alternatives d'action, meilleures et plus adaptées.

8. Tous les comportements ont un sens

Cela signifie que les gens fonctionnent toujours correctement dans leur monde et dans leur carte. Le sens n'est peut-être pas toujours clair pour le spectateur, mais il est présent.

9. Tout comportement est basé sur une intention positive

Il y a souvent un certain scepticisme sur ce point. Comment un comportement qui a des effets négatifs sur d'autres personnes peut-il être positif ? Comme si un employé avait délibérément omis d'informer son collègue de quelque chose. Cette hypothèse de base sépare le comportement d'une personne de son intention. En d'autres termes, dans le contexte de sa carte individuelle, le comportement est correct et bénéfique. Ces avantages, souvent inconnus lorsqu'ils se cachent derrière un comportement improductif, sont appelés gains secondaires.

Exemple d'un gain secondaire

L'élève qui perturbe les cours veut embêter le professeur impopulaire, paraître particulièrement "cool" devant ses camarades et être ainsi reconnu par eux.

Il est important de reconnaître l'intention positive et le gain secondaire derrière un comportement qui ouvre la possibilité de s'épanouir de manière plus simple et plus positive. Grâce à cette approche, on peut modifier un comportement négatif ou destructeur et changer les relations improductives.

10. Chaque comportement est utile dans un contexte spécifique

Le comportement est appris et appliqué dans une situation particulière. Alors il est approprié et utile. Cependant, ces comportements sont souvent transférés dans des lieux et des moments où ils ne sont plus appropriés et entraînent des conséquences négatives. L'objectif est de mener l'action appropriée et adéquate dans chaque contexte.

Exemple de dépendance contextuelle

L'agression peut être utile dans certaines situations, par exemple lorsque la vie est en danger ou que la sécurité physique est en jeu. Dans d'autres cas, cela peut constituer une infraction pénale.

11. Les gens disposent de toutes les ressources dont ils ont besoin pour changer

Chacun dispose d'une variété de compétences et de ressources dont il ne fait pas pleinement usage. Le cœur de ce postulat très positif est que les gens peuvent apprendre, se développer et utiliser pleinement leur potentiel.

Exemple de ressources

Beate est une bonne élève. Elle rencontre seulement des difficultés avec la langue allemande parce qu'elle commet des erreurs à l'écrit. Beate préfère apprendre à l'oreille. Elle répète des phrases dans sa tête, se laisse guider par le son et écrit certains mots tels qu'elle les entend. Elle commence à s'entraîner à l'orthographe pour développer ses organes sensoriels les moins utilisés. Elle apprend à visualiser des images et des formes, à utiliser des mouvements, à effectuer des exercices sur des mots.

12. Tout ce que l'homme peut apprendre

La PNL part du principe que tout ce qu'une personne a appris et maîtrisé de manière excellente peut être appris. Un excellent comportement peut être observé, recréé, pour ainsi dire, par d'autres. La motivation, le dynamisme, la prise de décision, la créativité, la confiance en soi et d'autres compétences peuvent s'apprendre. Les premières étapes de la PNL reposent sur cette hypothèse de base. Il s'agit d'apprendre d'un modèle et de passer par les mêmes processus neurologiques pendant le processus d'apprentissage, en utilisant les mêmes cartes spirituelles que le modèle. L'excellence a une structure et celle-ci s'apprend.

13. Pas d'échec, seulement du feedback

Une erreur est un feedback, c'est ce qu'on appelle l'écart par rapport au but recherché. Lorsque les gens y voient une opportunité, la perspective change ; de ce point de vue, les erreurs sont la base des solutions. Parce qu'ils sont le point de départ d'autres améliorations, ils montrent le chemin vers l'objectif.

Liste de contrôle : Comment les erreurs deviennent des opportunités

Questions à poser

- Qu'est-ce qui a été réalisé jusqu'à présent ?
- Qu'est-ce que je peux apprendre de cela ?
- Qu'est-ce qui fonctionne bien ?
- Que faut-il faire d'autre ?
- Que puis-je faire à la place de la solution précédente ?
- Quelle est la marge de manœuvre ?
- Quelles sont les alternatives sur le chemin de l'objectif ?
- Quel est l'état actuel des choses ?

14. Si ce que vous faites ne fonctionne pas, faites autre chose

Bien sûr, cette hypothèse de base ne s'applique que si vous avez le choix. De nombreuses personnes continuent à appliquer et même à renforcer leur comportement antérieur en cas de problème ; par exemple, elles élèvent la voix encore plus fort dans une conversation lorsqu'il y a des difficultés de compréhension. Dans la plupart des cas, cette procédure ne sert pas à grand-chose. La polyvalence, c'est-à-dire le fait de faire quelque chose de complètement différent, permet souvent de trouver une solution.

Ce point de vue part du principe du blâme : l'autre personne n'est pas à blâmer pour ma situation. Je ne m'attends pas à ce que mon environnement change pour faire la différence. Je prends mes responsabilités et je change mon comportement.

Exemple d'étapes alternatives

Le comportement d'un employé est un problème pour le chef de service, Thomas Hoch. Hoch pense souvent : "Je lui ai déjà expliqué cela cent fois" - mais cent fois de la même manière, et il obtient donc toujours les mêmes résultats. La solution au problème réside dans le changement de son comportement. Il peut, par exemple, transmettre la tâche à quelqu'un d'autre, modifier les procédures ou conseiller son collègue sur la formation appropriée.

La gestion flexible des actions alternatives s'applique également aux mêmes hypothèses de base que dans la PNL : Si une hypothèse n'est plus utile dans la situation actuelle, il est logique d'en supposer une autre qui soit plus utile. Les hypothèses de la PNL ne sont pas la vérité, mais doivent être vérifiées par l'expérience personnelle et les propres sens de chacun.

15. L'élément le plus flexible d'un système contrôle le système

Être flexible signifie avoir un large éventail de choix. La personne qui a le plus de souplesse pour présenter de nouvelles propositions a plus de chances de mettre fin à un état d'épuisement ou d'impasse. Plus on dispose d'alternatives d'action, plus on a de chances d'obtenir la réaction souhaitée de la part du partenaire de communication.

Exemple d'une proposition de solution par la flexibilité

Dans une réunion, une discussion est au point mort, aucun des participants n'est prêt à céder. Une personne saisit l'occasion de proposer de nouvelles façons de penser, de nouvelles méthodes ou de nouveaux changements. Il peut suggérer une courte pause créative, changer de place, s'adresser au modérateur, etc. Ce collègue s'avère être l'élément le plus flexible du groupe et est capable de s'adapter à la situation. Ce collègue s'avère être l'élément le plus flexible du groupe et, par ses propositions, permet à la situation de se dérouler. De cette façon, il/elle a une influence significative sur le système.

Comment Fonctionne notre Perception selon la PNL

Il existe de nombreuses théories sur la façon dont l'homme pense. La PNL part du principe qu'il utilise ses sens vers l'intérieur, c'est-à-dire que lorsque nous pensons ou nous souvenons, nous voyons des images, entendons des sons, sentons et goûtons, et ressentons le toucher. Cela signifie que tous les processus mentaux peuvent être expérimentés et conçus avec des éléments sensoriels. La condition préalable est que le contenu soit absorbé par les sens, traité, puis devienne ce que l'on appelle le système de représentation : la représentation dans le cerveau de ce que nous avons réalisé par les sens constitue la base de la pensée.

PNL et Communication

L'esprit humain a toujours été un territoire mystérieux, que même les neurosciences - malgré toutes leurs avancées - n'ont pas encore été en mesure de comprendre pleinement. La subjectivité, le système de croyances, les coutumes, les habitudes, etc. de chaque personne sont des contenus qui sont stockés directement dans l'esprit. Ces processus sont si complexes qu'ils ne peuvent pas être déchiffrés individuellement. Voulez-vous savoir comment commencer à comprendre le mystère de l'esprit ?

La réponse est plus simple que vous ne le pensez pas : c'est le langage et la communication qui mènent au territoire de l'esprit. Ce n'est pas une coïncidence si des philosophes, tels que Martin Heidegger, ont déclaré que "le langage est la maison de l'être". La recherche qui a donné le plus de substance à cela est l'action communicative par la programmation neurolinguistique (PNL), créée par le psychothérapeute et informaticien Richard Bandler et le linguiste John Grinder au milieu des années 1970.

La communication avec la PNL est l'un des outils les plus efficaces pour restructurer la subjectivité des gens à tous les niveaux. Composé d'une part de la Neurolinguistique, qui enregistre l'activité cérébrale du langage, et d'autre part de la Communication sous toutes ses formes (verbale et non-verbale), c'est un outil très utile. C'est pourquoi la PNL et la communication sont nécessairement liées. Bien qu'il s'agisse d'une programmation, elle nous fournit les structures formelles nécessaires pour changer nos systèmes de croyances. En ce sens, si vous vous trouvez bloqué au travail ou dans une relation amoureuse, la PNL Communication vous aidera à réorienter les attitudes que vous avez dans votre vie et à obtenir le succès que vous avez toujours souhaité.

C'est avec la PNL que l'action communicative fonctionne et est effectivement activée comme méthode d'apprentissage pour le développement des capacités humaines. En d'autres termes, la communication avec la PNL vous rapproche, non seulement de la compréhension, mais aussi de la programmation de votre esprit pour le développement et le succès de vos capacités.

Qu'est-ce que la Communication PNL ?

La Programmation Neurolinguistique est une méthode qui permet d'accéder au contenu mental de l'être humain. La PNL propose des modèles d'apprentissage pour l'optimisation des systèmes de croyances. Elle est née en premier lieu comme une méthode thérapeutique.

Cependant, aujourd'hui, son champ d'application est beaucoup plus large : les entreprises, les institutions et le coaching en général s'intéressent de plus en plus à cette méthode.

Croyez-le ou non, le succès est à portée de main ; vous verrez qu'avec la programmation neurolinguistique, votre communication, votre discours et tous les aspects de votre vie changeront de cap vers la guérison, la tranquillité et une meilleure utilisation de votre esprit. Rappelez-vous que votre cerveau agit par répétition, c'est-à-dire par ce qui vous est le plus familier.

Par conséquent, dans n'importe quelle situation, votre esprit choisit le même chemin. En revanche, la programmation neurolinguistique comprend des techniques d'apprentissage qui améliorent votre capacité à réagir à des situations particulières. Si vous n'êtes pas encore convaincu, la PNL peut vous aider à communiquer efficacement, à programmer vos schémas mentaux, à améliorer vos compétences oratoires, à renforcer votre confiance, vos performances, votre estime de soi, votre proactivité, etc.

La PNL vous fait changer votre système de croyances. En changeant les croyances avec la PNL, vous vous convainquez de votre réussite et écartez les pensées négatives à votre égard. C'est ce qu'établit le cocréateur de la communication PNL, Richard Bandler, lorsqu'il déclare que "la clé du succès réside dans les croyances. J'ai servi de modèle à de nombreuses personnes qui ont réussi " (Entretien avec Richard Bandler, Coaching Portal, 2006). La communication PNL peut façonner votre esprit pour vous permettre de réussir dans tous les domaines de votre vie.

Les Lois de la Communication avec la PNL

La PNL et le modèle de communication sont des théories pragmatiques qui misent sur les modèles de comportement pour améliorer la qualité de vie. Les lois ou paramètres de la communication avec la PNL peuvent être réduits à trois caractéristiques principales :

Il est impossible de ne pas communiquer. C'est l'outil PNL le plus important dans la communication interpersonnelle, il est nécessaire d'établir le lien entre un comportement réussi et ses propres expériences subjectives.

Votre corps parle, bougez-le ! Lorsque vous pratiquez la communication avec la PNL, vous devez être vigilant et anticiper toute réaction du langage non-verbal, c'est-à-dire du langage corporel. Traiter ces expressions non verbales du langage est la clé pour parvenir à une meilleure programmation de votre pensée.

Si ce que vous avez fait jusqu'à présent ne vous apporte pas le bien-être dont vous avez besoin, il est temps de faire de nouvelles choses. Dans la communication PNL, changer l'attitude avec laquelle vous interagissez vous affecte plus que vous ne le pensiez. Vous devez effectuer des exercices quotidiens, comme parler en mettant l'accent sur le positif, réagir de manière bienveillante en entreprise, croire que le succès est possible dans chaque projet personnel ou professionnel que vous entreprenez.

Les Canaux de Communication avec la PNL

En cette ère technologique, il existe plusieurs canaux par lesquels la communication et la PNL peuvent être transmises à n'importe qui, comme vous et moi. De même, la portée de cette méthode est assez large, et le moyen le plus facile d'accéder à ses enseignements est l'internet et certains portails web. Toutefois, comme la formation de l'esprit est un processus qui requiert de la patience et des enseignants expérimentés, nous vous conseillons de vous rendre sur des sites web fiables, tels que la NLP High School.

La NLP High School est née au Mexique grâce au Dr Edmundo Velasco (médecin de profession et spécialiste de la psychothérapie Gestalt), qui a travaillé directement avec le cofondateur de la communication PNL, John Grinder. La vision de cette école est d'intégrer de plus en plus de personnes désireuses de faire fonctionner leur vie émotionnelle et productive grâce à des leçons de PNL et de communication efficace.

Cette école de programmation est l'une des plus prestigieuses de la région hispanophone ; ses racines se trouvent dans les principes fondamentaux de la communication avec la PNL. Il offre un large éventail de cours à suivre, depuis les conférences données par le Dr Velasco lui-même jusqu'aux ateliers en ligne où vous pouvez vous lancer dans un processus de transformation de votre vie pour réussir (si vous êtes l'un de ceux qui émergent en tant que leader), et obtenir un certificat de facilitateur PNL de processus de changement, maîtrisant ainsi la communication PNL et exerçant une influence positive sur tous ceux qui vous entourent.

Types de Communication avec la PNL

Les gens sont des êtres de langage. Par conséquent, le besoin d'exprimer et de communiquer est fondamental. La communication et la programmation neurolinguistique ont découvert que l'intégration entre le langage en tant que mot parlé ou écrit et le langage non parlé exprimé par notre corps par des gestes, des expressions, des postures, etc. — est la base pour créer ou modifier les structures mentales et les systèmes de croyance. — est à la base de la création ou de la modification des structures mentales et des systèmes de croyances. Par conséquent, la PNL utilise l'utilisation du langage verbal, non verbal et visuel comme une ressource pour effectuer un changement mental efficace chez les gens.

Communication Verbale dans la PNL

Il s'agit, par définition, du type de communication qui s'effectue par le biais du langage parlé. La neurolinguistique nous dit précisément qu'avec ce type de communication, nous pouvons recevoir une infinité de symboles et de significations de l'extérieur et les traduire, littéralement, en mots. Maintenant, lorsque nous accédons à la communication gestuelle avec la PNL, nous affinons nos récepteurs neuronaux pour utiliser la communication verbale de manière plus efficace et cohérente, selon les besoins.

La Communication non Verbale dans la PNL

Dans le cadre de la méthode PNL, la Communication Non-Verbale est l'immense univers du langage non-dit, c'est-à-dire le langage du corps et l'ensemble des systèmes symboliques dans lesquels il opère, c'est-à-dire :

- La chrononémie : la gestion du temps
- Le proxénétisme : l'agencement spatial entre les corps
- La diacritique : les symboles qui sous-tendent la disposition spatiale des objets et des couleurs
- La paralinguistique : les tons de la voix
- L'aspect kinesthésique : gestes, postures, mouvements et réactions du corps.

La Communication Visuelle dans la PNL

Bien que la Communication Verbale et la Communication Non-Verbale soient les clés d'une gestion correcte de la Communication avec la PNL comme méthode d'amélioration personnelle, il convient de noter que la Communication Visuelle est la forme de communication la plus populaire de nos jours, surtout suite à l'arrivée de nouveaux dispositifs technologiques et à l'utilisation massive des réseaux sociaux. Il est vrai que l'impact généré par une personne, une information ou un événement passe d'abord par la vue. C'est pourquoi la PNL s'empare de cette ressource avec l'intention de canaliser la façon dont nous apparaissons devant les autres, en générant la meilleure impression possible.

Ces types de communication avec la PNL forment un ensemble d'applications que vous pouvez mettre en pratique au quotidien et qui vous aident à évaluer votre personnalité pour atteindre les performances et le succès dont vous avez besoin dans votre vie.

CHAPITRE 10
Stratégies pour Augmenter l'estime de soi Grâce à la PNL

Lorsque nous ne voyons que nos faiblesses, lorsque nous sommes incapables de voir les bonnes choses que nous faisons, lorsque nous ne nous valorisons pas, cela signifie que nous manquons d'estime de soi. La PNL peut nous aider à inverser cette dynamique.

Estime de soi, Confiance en soi et PNL

L'estime de soi commence par le respect de sa propre personne, avec ses forces, ses faiblesses et ses capacités. C'est un sentiment lié à la valeur personnelle, c'est-à-dire le fait d'avoir un but et de lui accorder l'importance qu'il mérite. En revanche, la confiance en soi, qui est étroitement liée à l'estime de soi, consiste à être satisfait de sa vie et à être heureux. Certaines personnes se plaignent d'un manque de confiance en elles, qui les amène à remettre en question leur estime de soi, leurs valeurs et leur sécurité.

En PNL, on dit que ces sentiments sont le résultat d'une mauvaise combinaison des différentes parties de la personnalité que nous avons vues dans les sujets précédents. La partie critique est très précieuse, mais sa tâche fondamentale est de démanteler tout ce qui a été précédemment construit, imaginé ou pensé.

La PNL considère que chaque personne possède les forces dont elle a besoin. Toutes les ressources dont dispose une personne sont constituées de la somme des éléments qui sous-tendent les expériences et les perceptions.

Il arrive donc que certaines personnes pensent qu'elles n'ont pas assez de patience, mais qui peut dire qu'elles n'ont jamais eu, à un moment et pendant une seconde, une telle ressource à disposition ? Chaque personne porte sur elle ses propres ressources, mais il peut arriver qu'elle ne les perçoive pas.

Presque tout le monde a fait l'expérience de forces et de capacités inconnues dans une situation extrême ou sous haute pression. Il s'agit de tirer le meilleur parti de ses ressources personnelles sans attendre que ces situations limites se présentent.

Le Rôle des croyances dans l'estime de Soi

Les croyances sont des généralisations dues à des causes, des significations et des limites liées à l'environnement et aux comportements, capacités et identités spécifiques de chaque individu. Avec les valeurs, ils sont les sources les plus importantes de notre manière d'être. Les croyances ne doivent pas nécessairement être fondées sur un cadre logique. Beaucoup se distinguent par leur manque de logique, mais malgré cela, nous continuons à essayer de les faire entrer dans notre réalité en rejetant toute idée contraire.

Les croyances limitatives empêchent le développement de la confiance en soi. Penser "Je suis un raté", "Je ne suis pas important", "Je n'ai pas la force d'agir ainsi", sont des exemples de phrases que les gens formulent constamment et finissent par croire. L'estime de soi est le contraire, elle nous permet d'être sûrs que nous avons les ressources internes nécessaires pour surmonter les difficultés et les utiliser. Dans le milieu professionnel, il est normal d'avoir un surplus de travail. Cependant, il n'est pas normal qu'en raison de croyances accumulées, la personne en question ne se sente pas capable de répondre aux demandes constantes de son patron, de ses clients ou de son environnement en général.

Renversez les Croyances Limitantes

Pour changer les croyances limitantes, nous vous proposons quelques étapes à suivre :

- La première étape pour changer les croyances limitantes est de les identifier. Une fois identifiés, nous cherchons la cause de ces sentiments négatifs. Nous observons comment nous réagissons ; quels sentiments sont éveillés ?

- La deuxième étape consiste à localiser nos ressources et à les ancrer. Pour ce faire, nous pensons à une situation de notre vie dans laquelle nous nous sommes sentis vraiment bien. Nous imaginons cette situation aussi intensément que possible et, dès que nous constatons que les sentiments positifs augmentent, nous ancrons ces souvenirs.

- Dans un troisième temps, nous revivons cette situation en essayant de changer la façon dont nous affirmons nos croyances limitantes.

Construisez la Confiance

Avoir une faible confiance en soi signifie avoir une image de soi dans laquelle il manque quelque chose d'important : la confiance. Chaque personne a une image qu'elle interprète comme une référence pour son évaluation et qui est constituée d'une combinaison d'images, de sons, de mouvements et de sentiments. Il s'agit donc d'obtenir une image positive de soi afin d'augmenter la confiance en soi. Pour ce faire, les étapes suivantes sont proposées :

- Visualiser l'image actuelle de soi de manière associée. Construire une image de soi par rapport à la façon dont on se perçoit. Faites attention à la perception du corps, à la posture, aux commentaires avec lesquels on se décrit.

- Visualiser l'image de manière dissociée. Nous nous éloignons de cette image, nous l'abandonnons et nous nous observons comme des étrangers : comment nous voyons-nous ? Quelles différences observons-nous par rapport à l'image de la première étape ?

- Visualiser une "copie" de notre image dissociée et modifier positivement les aspects les moins agréables. Nous essayons de rendre notre image encore plus agréable en expérimentant.

- Incorporer la copie modifiée de notre image dissociée dans l'image associée, c'est-à-dire faire de l'image que nous avons créé la nôtre, celle qui nous définit.

Méthodes pour Sauver l'estime de soi Recommandées par les Psychologues

Vous vous sentez accablé par une faible estime de soi et ne savez pas quoi faire pour obtenir plus de satisfaction dans votre vie personnelle et professionnelle ? Vous souhaitez avoir une relation conjugale plus saine et plus harmonieuse, vous souhaitez vous réaliser professionnellement et être moins angoissé par trop de responsabilités ?

Respirez ! Tous ces désirs sont le résultat d'un manque de confiance en soi et de besoins affectifs et émotionnels. La bonne nouvelle, c'est qu'il est possible de les calmer et de les équilibrer grâce à des techniques et méthodes psychologiques visant à restaurer l'estime de soi.

1. Soyez plus Constructif et Pensez Positivement

La méthode de restructuration cognitive et comportementale est essentielle pour sauver et comprendre les croyances limitatives et négatives acquises dans l'enfance par le biais de l'éducation familiale, de l'école ou d'autres espaces sociaux.

Grâce à cette méthode, vous apprendrez à penser de manière plus positive et à agir de manière plus constructive. Il vous sera ainsi plus facile de vous éloigner des personnes négatives et de calmer votre esprit. Automatiquement, vous vous sentirez plus confiant et plus sûr.

Dans un moment de détresse ou d'émotion intense, essayez de susciter une pensée positive. De cette manière, vous pouvez modifier la façon dont vous interprétez vos expériences dans différentes circonstances.

2. Valorisez-vous pour Sauver votre Estime de Soi

Il est très important d'accepter tous les défauts et imperfections et de célébrer les petites réussites de la vie quotidienne. Que ce soit dans vos relations au travail ou dans d'autres domaines de votre vie, attendez moins des attitudes et des jugements des autres. Ce sont quelques-uns des moyens qui peuvent vous aider à retrouver votre estime de soi.

Les complexes d'infériorité et le manque de références familiales peuvent affecter votre estime de soi, mais ces cadres peuvent être inversés par la compréhension de vos limites et des exercices d'affirmation de soi.

Alors, ne vous souciez pas du jugement que les autres portent sur vous et gardez à l'esprit vos forces et vos réalisations. Concentrez-vous sur la conception que vous avez de vous-même et non sur celle des autres.

3. Évitez de Faire des Comparaisons

L'un des aspects les plus difficiles du comportement comparatif est de comprendre l'impact négatif qu'il a sur nous. La première étape consiste à comprendre pourquoi vous faites ces comparaisons, quand vous avez commencé à faire des comparaisons et comment cette attitude vous affecte.

Il est nécessaire de briser ces schémas de pensée pour comprendre qui vous êtes et en quoi vous pouvez être différent des autres.

Révisez constamment votre essentialité et essayez de connaître vos défauts et vos qualités, en essayant de vous rappeler que chaque être humain a ses propres caractéristiques.

4. Apprendre à Gérer les Frustrations de la Vie

Les "non" de la vie, les portes fermées et les limitations sont des situations très frustrantes. Cependant, chaque personne réagit différemment aux mêmes situations et expériences. Il est donc très important d'être ouvert aux changements de comportement pour surmonter les frustrations.

Faites face aux frustrations et aux difficultés de votre vie comme s'il s'agissait de défis et essayez d'apprendre quelque chose de chaque situation que vous vivez, afin qu'à la fin d'un processus difficile, vous puissiez en sortir plus fort et plus mûr.

Investissez dans le changement de vos habitudes et de vos conceptions pour obtenir la transformation que vous souhaitez. En combinant cela avec les meilleures pratiques, le processus de récupération de votre estime de soi sera plus rapide et plus léger. Envisagez également de vous faire suivre par un psychologue qui vous aidera à gérer vos déclenchements mentaux.

5. Passez plus de Temps avec les Gens que Vous Aimez

Le sentiment d'"appartenance" est ce besoin de se sentir membre d'un lieu ou d'un groupe de personnes et, en même temps, de considérer qu'elles font aussi partie de nous. C'est l'un des piliers de l'estime de soi et cela nous permet de nous sentir bien et satisfaits d'être entourés de personnes qui nous sont chères.

Essayez de trouver une occasion dans la journée pour être avec votre famille. Leur accueil est réparateur et contribue à renforcer votre confiance en vous, ce qui est considéré comme essentiel pour réussir dans la vie.

Prenez le temps, chaque mois ou chaque semaine, en fonction de vos disponibilités, de rencontrer vos amis et de sympathiser avec eux. Il est intéressant d'essayer de maintenir des relations avec la classe d'amis de votre adolescence, car cela vous rappelle d'anciens rêves, croyances et ambitions... tous des activateurs importants de l'estime de soi et propices à la connaissance de soi.

6. Soyez Convaincu de vos Objectifs

Toute réalisation commence par les objectifs que nous nous fixons dans notre esprit. Lorsque nous réfléchissons à la manière dont nous pouvons atteindre nos objectifs, l'estime de soi nous pousse à penser de manière positive. Utilisez donc toutes vos ressources mentales pour visualiser ce que vous voulez.

Par exemple, si vous souhaitez obtenir une promotion ou avoir plus de liberté pour exprimer vos idées— que ce soit sur le lieu de travail ou dans la sphère personnelle ou familiale— renforcez votre estime de soi et démontrez vos capacités de manière plus efficace.

Fixez des objectifs en fonction desquels vous pourrez suivre vos progrès. Fixez des critères concrets pour mesurer la progression dans la réalisation de chaque objectif que vous vous êtes fixé, car cela vous donnera plus de confiance en cours de route.

7. Parlez à un Professionnel de la Psychologie

Consulter un professionnel de la psychologie est l'un des meilleurs moyens de retrouver l'estime de soi. Ne laissez pas la situation s'aggraver ! Demander l'aide d'un psychologue peut réduire votre souffrance ou même l'éliminer de votre vie une fois pour toutes.

Il est également nécessaire que vous fassiez une réflexion personnelle sur la mesure dans laquelle la situation est —ou n'est pas —sous votre contrôle, pour éviter d'atteindre un degré de dépression. Pour ce faire, recherchez les conseils appropriés.

Si vous n'avez pas le temps de vous rendre dans une clinique en personne, pourquoi ne pas obtenir une aide psychologique en ligne qui puisse répondre à vos questions et à vos préoccupations ? Même si vous ne pouvez pas le faire pendant la journée, vous pouvez profiter de la nuit ou des week-ends lorsque vous êtes libre.

CONCLUSIONS

5 Indices qui Révèlent les Véritables Intentions des Autres

Lorsque vous découvrez que quelqu'un a des intentions cachées, vous pouvez ressentir de l'anxiété à l'idée de devoir affronter cette personne. Dans ce chapitre, nous allons examiner cinq façons de détecter les intentions cachées et découvrir ce que vous pouvez faire pour éviter d'être manipulé.

Il existe sans aucun doute des personnes très toxiques dans le monde, et il est probable que vous en ayez déjà rencontré beaucoup. Une personne aux intentions cachées est susceptible d'être égoïste ou narcissique.

Vous remarquerez généralement que beaucoup d'entre eux peuvent sembler gentils au début, mais qu'en fin de compte, ce n'est qu'un stratagème pour obtenir quelque chose de vous plus tard.

Ces individus ont de mauvaises intentions. Ils ne veulent pas être vos amis pour le simple plaisir de l'être ; au contraire, ils veulent vous manipuler pour que vous fassiez ce qu'ils veulent.

Alors, comment identifier dès le départ ces mauvaises intentions chez les personnes toxiques ? Certaines personnes sont extrêmement discrètes dans leurs intentions et peuvent se révéler par la suite comme les plus incroyables menteurs que vous puissiez rencontrer. Mais si vous pouvez remarquer immédiatement l'un de ces signes chez une personne, alors vous l'avez probablement repérée avant même qu'elle ne puisse passer à l'action.

Voici quelques indices permettant d'identifier les intentions cachées d'une personne à votre égard et ce que vous pouvez faire pour éviter de traiter avec des personnes qui essaient de vous affaiblir.

1. Une idée en tête

En vous parlant, ils poursuivent dans leur obsession, et finissent par vous soumettre. La seule raison pour laquelle ils agissent ainsi est qu'ils peuvent atteindre l'objectif qu'ils se sont fixé. Vous remarquerez peut-être qu'ils parlent constamment des mêmes choses, dans le but de vous faire entrer une idée dans la tête, afin que vous puissiez les aider à atteindre le but qu'ils cherchent à atteindre.

Ne vous sentez pas obligé de faire quelque chose. Refusez de leur donner ce qu'ils veulent, même au risque de vous répéter. Vous pouvez toujours dire non, passer à autre chose ou vous retirer complètement de la situation.

2. Vous avez un mauvais pressentiment ?

Vous vous sentirez incompris, irrité, incertain ou tout simplement mal à l'aise après avoir parlé à une personne toxique. Ces signes indiquent généralement que vous êtes la proie d'une personne malveillante.

Ces personnes vous donnent le sentiment de ne pas être entendu, un peu comme si vous parliez à un mur. Ne soyez pas victime de ces sentiments négatifs, car vous les faire ressentir fait partie de leur intention. Ils se nourrissent de cette énergie et l'utilisent à leur avantage.

3. Les beaux discours

Les personnes toxiques ont les compétences linguistiques d'un démon lorsqu'il s'agit de convaincre quelqu'un de faire quelque chose. Ils sont parmi les menteurs les plus étonnants, ils sont toujours prêts à tester les gens autour d'eux pour voir qui vaut leur temps.

Ne les écoutez pas et ne laissez pas leurs paroles persuasives vous faire faire quelque chose que vous ne voulez pas faire. Écoutez votre intuition et retirez-vous de toute situation qui vous met mal à l'aise. Ils essaieront de vous manipuler encore plus si vous ne le faites pas.

4. Inlassablement dans le besoin

Les personnes toxiques entament souvent une discussion et un dialogue dans le but de parler d'elles. Au début de la conversation, ils vous feront croire qu'ils sont très intéressés par ce qui se passe dans votre vie personnelle, mais d'une manière ou d'une autre, ils déplaceront toujours le sujet de la conversation vers eux.

Ils vous inonderont de leurs demandes. Il ne s'agit pas d'un simple désir ou besoin générique, ils vous diront exactement ce qu'ils attendent de vous ou ce qu'ils veulent que vous fassiez pour eux. Ne soyez pas la proie facile de cette manipulation.

5. Langage corporel et contact visuel irrégulier

Bien qu'il puisse être très difficile pour les menteurs de maintenir un contact visuel avec quelqu'un, ils font tout ce qu'ils peuvent pour maintenir un langage corporel et un contact visuel appropriés. Cela les fait passer pour des personnes "normales" et bien intentionnées, selon eux.

Cela ne pourrait pas être plus éloigné de la vérité. Si vous commencez à remarquer qu'ils agissent de manière inappropriée, il y a de fortes chances qu'ils essaient d'obtenir quelque chose de vous. Ne vous laissez pas berner, regardez-les droit dans les yeux, observez les mouvements de leurs mains pour voir s'ils essaient de se couvrir la bouche ou le visage. La transpiration est un bon indice, tout comme le fait de cligner constamment des yeux.

Printed by Amazon Italia Logistica S.r.l.
Torrazza Piemonte (TO), Italy

45665290R00076